八段锦

耿爱英 著

河南科学技术出版社

· 郑州 ·

插图绘制：高翔

图书在版编目(CIP)数据

八段锦/耿爱英著. —郑州：河南科学技术出版社，2023.1
ISBN 978-7-5725-0494-5

I. ①八… II. ①耿… III. ①八段锦-基本知识 IV. ①G852.9

中国版本图书馆CIP数据核字（2021）第127874号

出版发行：河南科学技术出版社
地址：郑州市郑东新区祥盛街 27 号 邮编：450016
电话：(0371) 65737028
网址：www.hnstp.cn
责任编辑：董 涛
责任校对：崔春娟
封面设计：王留辉
责任印制：张艳芳
印 刷：河南文华印务有限公司
经 销：全国新华书店
开 本：890 mm × 1240 mm 1/32 印张：6.75 字数：200千字
版 次：2023年1月第1版 2023年1月第1次印刷
定 价：35.00元

前言

八段锦是从我国古代“导引术”发展而来的一种养生保健类的练功方法。其功法精简，动作轻快，易学易练，功效明显。

何谓八段锦？

所谓八段，是说功法有八段；所谓锦，则是形容功法的精美与珍贵。

据查现有资料，八段锦最早见于宋代洪迈《夷坚志》：“政和七年，李似矩为起居郎。……似矩素于声色简薄，多独止外舍，效方士熊经鸟伸之术，得之甚喜。……尝以夜半时起坐，嘘吸按摩，行所谓八段锦者。”

本书共收录七套秘传八段锦。

一、少林武架八段锦：此功乃少林秘传，是少林八段锦站式之一种，内含武功之法，架势威猛。练之可以导引肢体，通经活络，保健脏腑，益气增劲。

二、少林文架八段锦：此功皆为坐式，也叫“坐八段”，借鉴禅修要诀，结合导引吐纳。练之可以舒筋利节，强心安神，防疾却病，延年益寿。

三、武当武架八段锦：此功运用内家修炼要诀，注重温养，以养积健。练之可以醒脑提神，消浊除郁，舒筋利节，防疾祛病，保健强身。

四、武当文架八段锦：此功与“少林文架八段锦”同类，全功也皆为坐式。习之可修心养性，放松身心，补益真元，防病祛疾。

五、峨眉混元八段锦：此功独具特色，是峨眉八段锦的优秀养生功法，有刚有柔，练养结合，动静相宜，内外兼修，混元一体。

六、昆仑大力八段锦：此功练法古朴，动作有力。习之既可舒筋顺气，柔体松身，除疲祛病，养生保健；又可振奋精神，强筋壮骨，大增气力。

七、道家简易八段锦：此功是道家八段锦的简化精编，练法不多，强度不大，自学方便。习之可疏通经络，调畅气血，祛除疲劳，强身健体。

八段锦经过历代传习者的不断实践，演化成了多种流派，而且精品甚多，至今盛传不衰。著者长期从事体育教学工作，多方收集相关技术资料并整理出来，以与同道共享，不当之处恭请指正。

著者

目录

第一章
少林武架八段锦

少林功夫可以说是中华武术的最大名宗，拳功众多，流传很广，所以俗语常讲“天下功夫出少林”。

少林功夫博大精深，其“八段锦”也是丰富多彩，如达摩八段锦、韦陀八段锦、金刚八段锦、罗汉八段锦、武穆八段锦等。

本功武架八段锦，即属少林秘传，是少林八段锦站式之一种，内含武功之法，架势威猛，动作有力。经常练习，可以导引肢体，通经活络，保健脏腑，益气增劲。

读者练习时，既可把每段挑出来反复单练，也可把八段全部或部分合起来连续练习，练习方式与次数自行确定。

【少林武架八段锦歌诀】

双掌托天理三焦，左右挽弓手劲高。

上托下按调脾胃，五劳七伤扭身瞧。

摇头摆尾祛心火，躬身摩运健肾腰。

冲拳瞪目增力气，脚跟震地疲乏消。

第一段　双掌托天理三焦

【练法】

1. 两脚并步，正身直立，两掌垂于体侧。目视前方。（图 1–1）

2. 左脚向左横开一步，两脚间距约与肩同宽；同时，两掌收于小腹前，十指交叉，掌心向上。（图 1–2）

3. 两掌缓缓上托至胸前。（图 1–3）

4. 两肘向上一抬，掌至下颌处即转腕，掌心向前，虎口向下。（图 1–4）

5. 两臂伸开上举，两掌上托，直至臂直。仰面，目视掌背。（图 1–5）

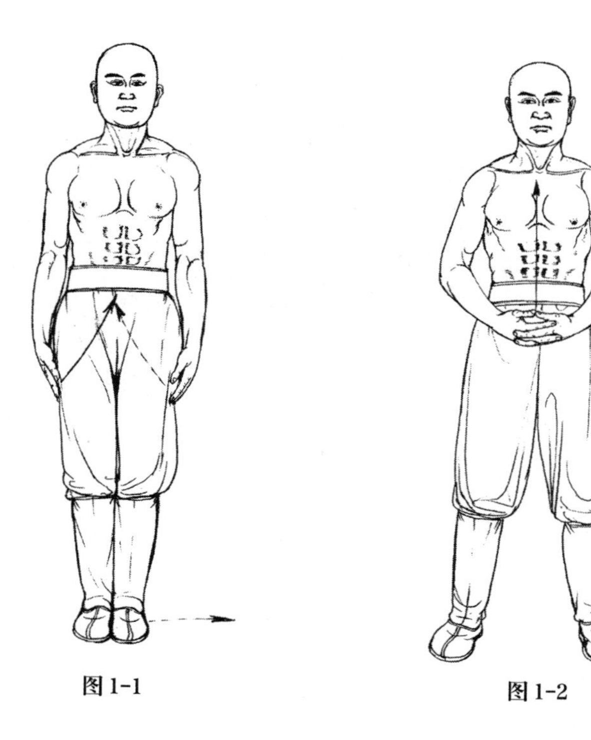

图 1-1　　图 1-2

图 1-3

图 1-4

图 1-5

6. 两掌上托撑紧，肘关节伸直；同时，下颌内收。目视前方。（图 1–6）

7. 身体放松，两掌松开。（图 1–7）

图 1-6　图 1-7

8. 两掌分向两侧，腕高平肩，坐腕立掌，掌心向外，掌尖向上。目视前方。（图 1–8）

9. 身体重心略下沉，两腿膝关节略屈；同时，两掌弧形下落至小腹前，掌尖相对，掌心向上。目视前方。（图 1–9）

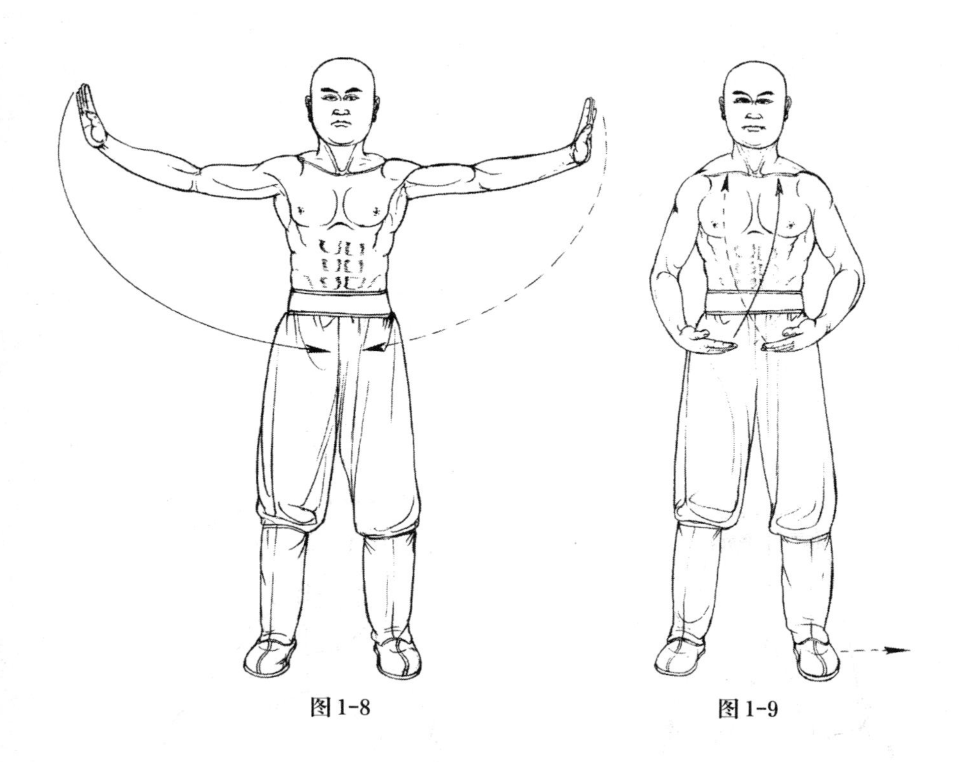

图 1-8　　图 1-9

第二段　左右挽弓手劲高

【练法】

1. 接上段，左脚再向左侧开步，两脚间距约肩宽两倍，两腿膝关节自然伸直；同时，两掌向上交叉于胸前，右掌在里，左掌在外，两掌心向内，虎口向上。目视前方。（图 1–10）

2. 两腿渐渐屈蹲，成马步；同时，右掌成爪，屈臂向右拉至右肩前，肘尖向外，手心向里，虎口向上；左掌食指向上伸直，拇指里扣，余三指屈节，向左侧推出，腕部与肩同高，坐腕竖掌，掌心向左。身向左转，目视左食指尖，两手一推一拉，如挽弓搭箭之势，动作略停。（图 1–11）

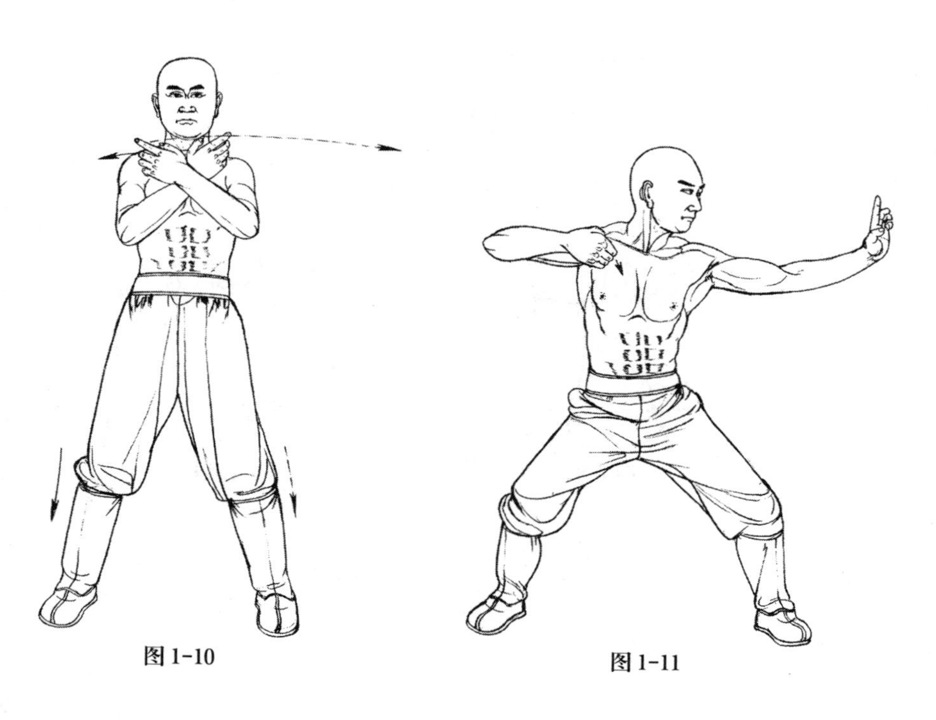

图 1-10　　图 1-11

图 1-12

3. 两大腿略起；两臂放松，两手成掌。右掌转腕，掌心向外（图 1-12）

4. 身体重心右移，左腿缓缓蹬直，成右弓步；同时，右掌向上、向右划弧，右臂伸展，腕部平肩，掌尖向上，掌心向前；左掌心斜向后，略低于肩。目视右掌。（图 1-13）

5. 右脚左摆，左脚内收，两脚并步，正身直立；同时，两掌下落捧于小腹前，掌尖相对，掌心向上。目视前方。（图 1-14）

图 1-13

图 1-14

6. 接练右式。（图 1–15 ~ 图 1–19）

图 1–16

图 1–15

图 1–17

图 1-18

图 1-19

第三段　上托下按调脾胃

【练法】

1. 接上段，左脚向左开步，两脚间距与肩同宽。（图 1-20）

2. 两腿缓缓挺膝伸直；同时，左掌转腕上托，舒胸展体，上举至头顶上方，肘关节微屈，手掌放平，力达掌根，掌心向上；同时，右掌下按至右大腿外侧，力达掌根，掌心向下，掌尖向前。略停两秒钟，保持上举下按对拉抻拔。目视前方。（图 1-21）

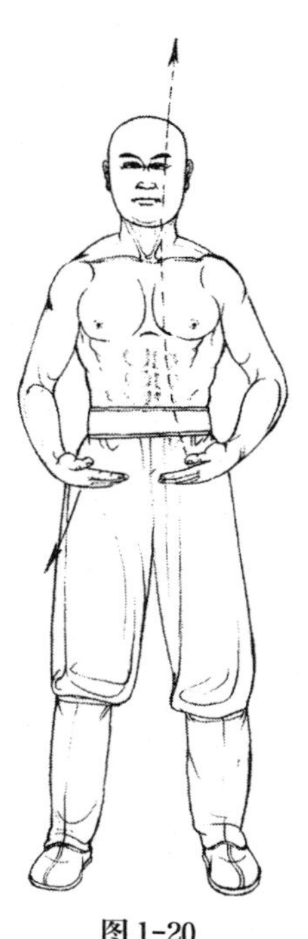

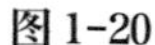

图 1-20

图 1-21

3. 松腰沉髋，身体重心缓缓下降，两腿膝关节放松；同时，左掌向外下落，右掌上收，两掌收于小腹前，掌尖相对，掌心向上。目视前方。（图1–22）

4. 接练右式，右托左按。（图1–23）

5. 两腿放松；同时，右掌下落，按于髋旁，掌心向下，掌尖向前，两臂稍屈，两掌同高。目视前方。（图1–24）

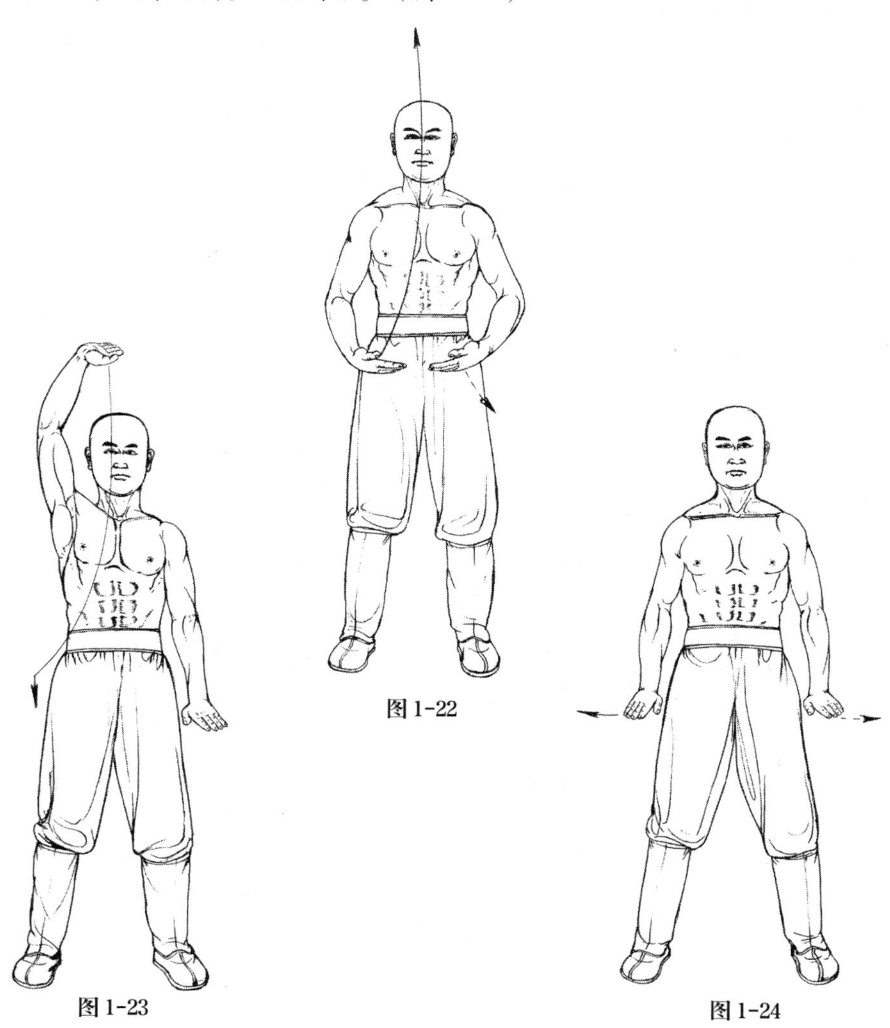

图1-22

图1-23

图1-24

第四段　五劳七伤扭身瞧

【练法】

1. 接上段，两腿徐缓挺膝伸直，重心升起；同时，两臂伸直，掌心向下，掌尖外转。（图 1–25）

2. 两掌缓缓外旋，肩向下沉，展臂扩胸，掌尖向下，掌心向外。（图 1–26）

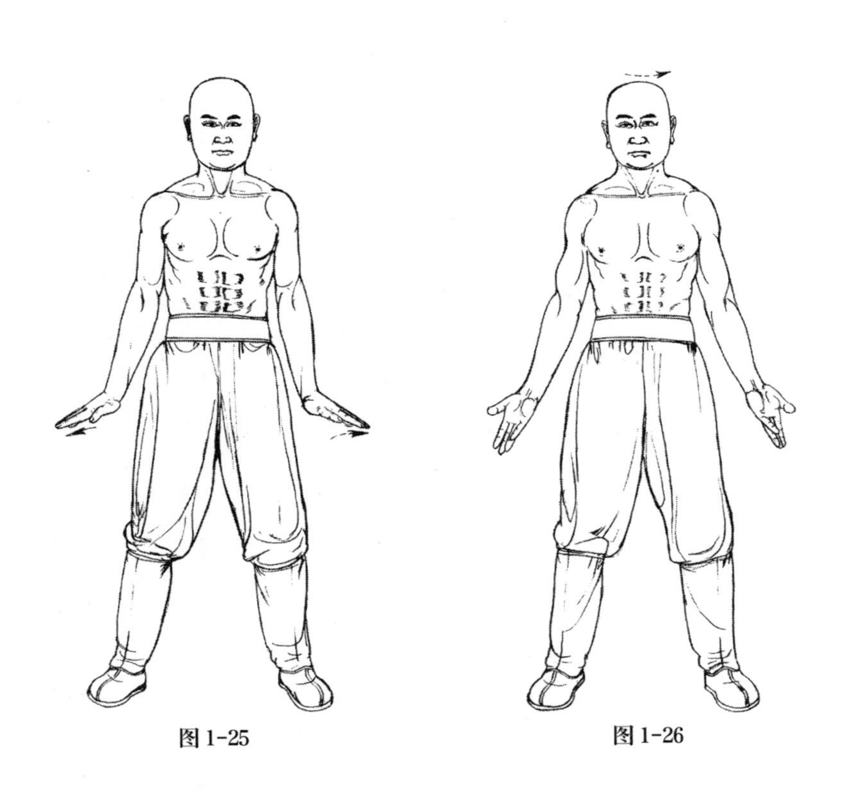

图 1-25　　图 1-26

3. 身向左扭，头向左后转，目视左后方，稍停两秒钟。（图 1-27）

4. 身体转正，两腿放松；同时，两掌缓缓内旋，按于髋旁，掌尖向外。目视前方。（图 1-28）

图 1-27

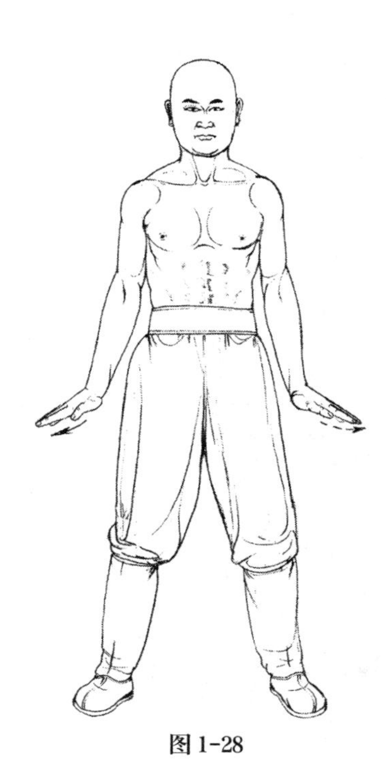

图 1-28

5. 接练右式。（图 1–29、图 1–30）

6. 两腿膝关节放松；同时，两掌捧于小腹前，掌尖相对，掌心向上。目视前方。（图 1–31）

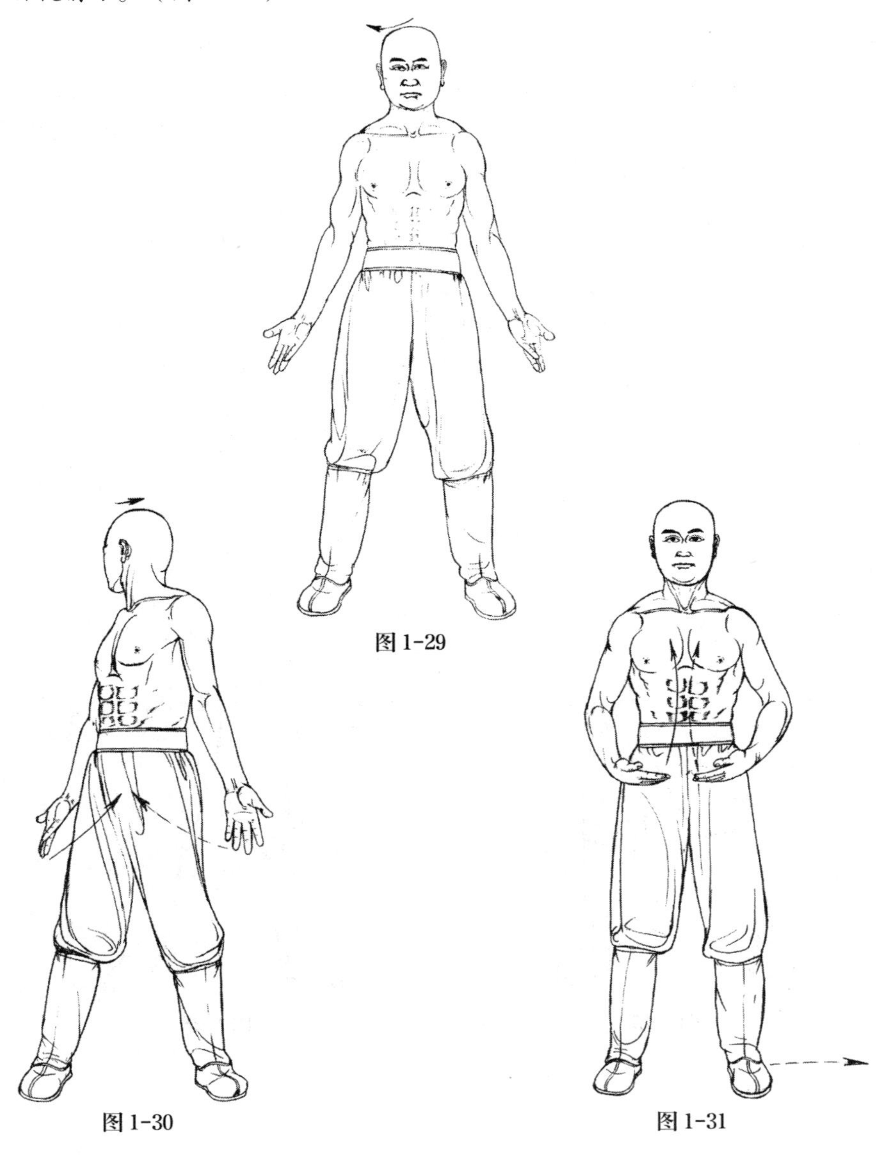

图 1-29

图 1-30

图 1-31

第五段　摇头摆尾祛心火

【练法】

1. 接上段，左脚向左横开一步，间距约肩宽两倍，臀略下沉，两膝微屈；同时，两掌沿体前缓缓上托，至与胸平。目视前方。（图 1–32）

2. 两掌内旋，上托过顶，至两肩上方，肘关节微屈，掌心向上，掌尖相对。目视前方。（图 1–33）

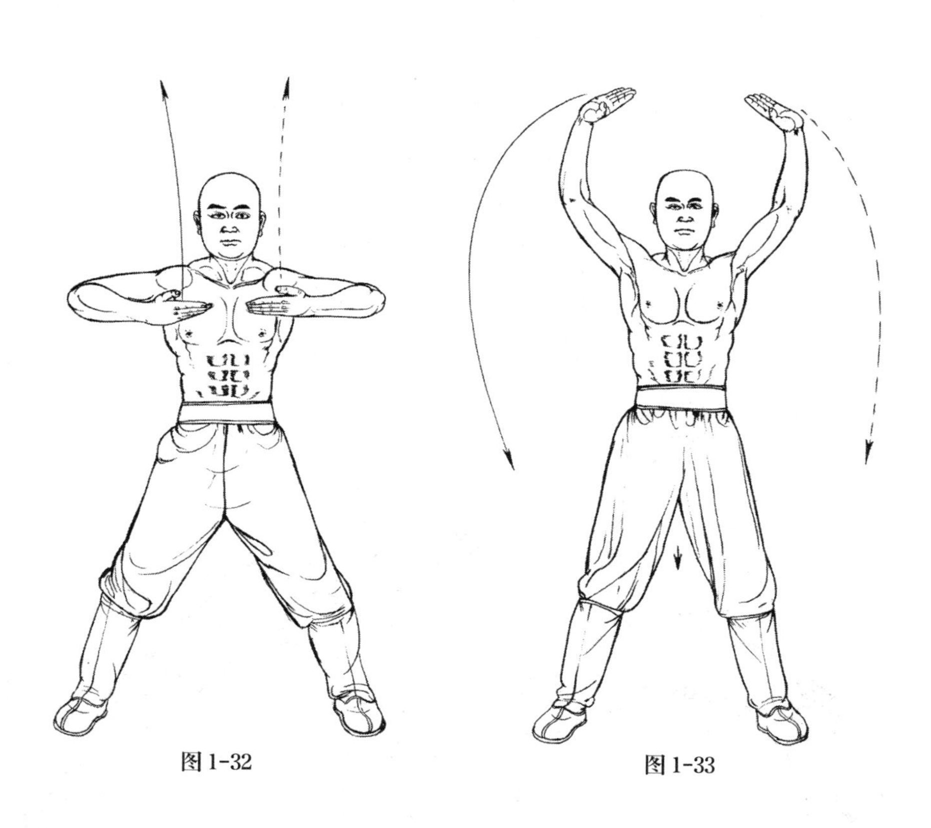

图 1-32　　图 1-33

3. 两腿屈膝半蹲成马步；同时，两掌缓缓向两侧下落，掌尖向外，掌心向前。（图 1–34）

4. 两掌落至与髋相平之际，内收扶于膝盖上，肘关节微屈，两虎口约遥遥相对；两膝顺势下蹲，成低马步。目视前方。（图 1–35）

5. 身体稍起，向右侧倾。（图 1–36）

图 1-34

图 1-35

图 1-36

6. 身体以腰为轴向右前侧俯身，头不低于水平，颈椎与颈肌尽量放松伸长。目视右脚。（图 1–37）

7. 重心左移，上体保持俯身，头顶高于水平，腰部用力，引导上体由右前摆。（图 1–38）

8. 头随俯身向左移动，至左膝外侧。（图 1–39）

图 1-37

图 1-38

图 1-39

9. 头向后摇，上体立起，随之下颌微收，使上身中正；松腰沉髋，重心下沉成马步。目视前方。（图 1–40）

10. 接练左式。（图 1–41 ～图 1–45）

图 1-40

图 1-41

图 1-42

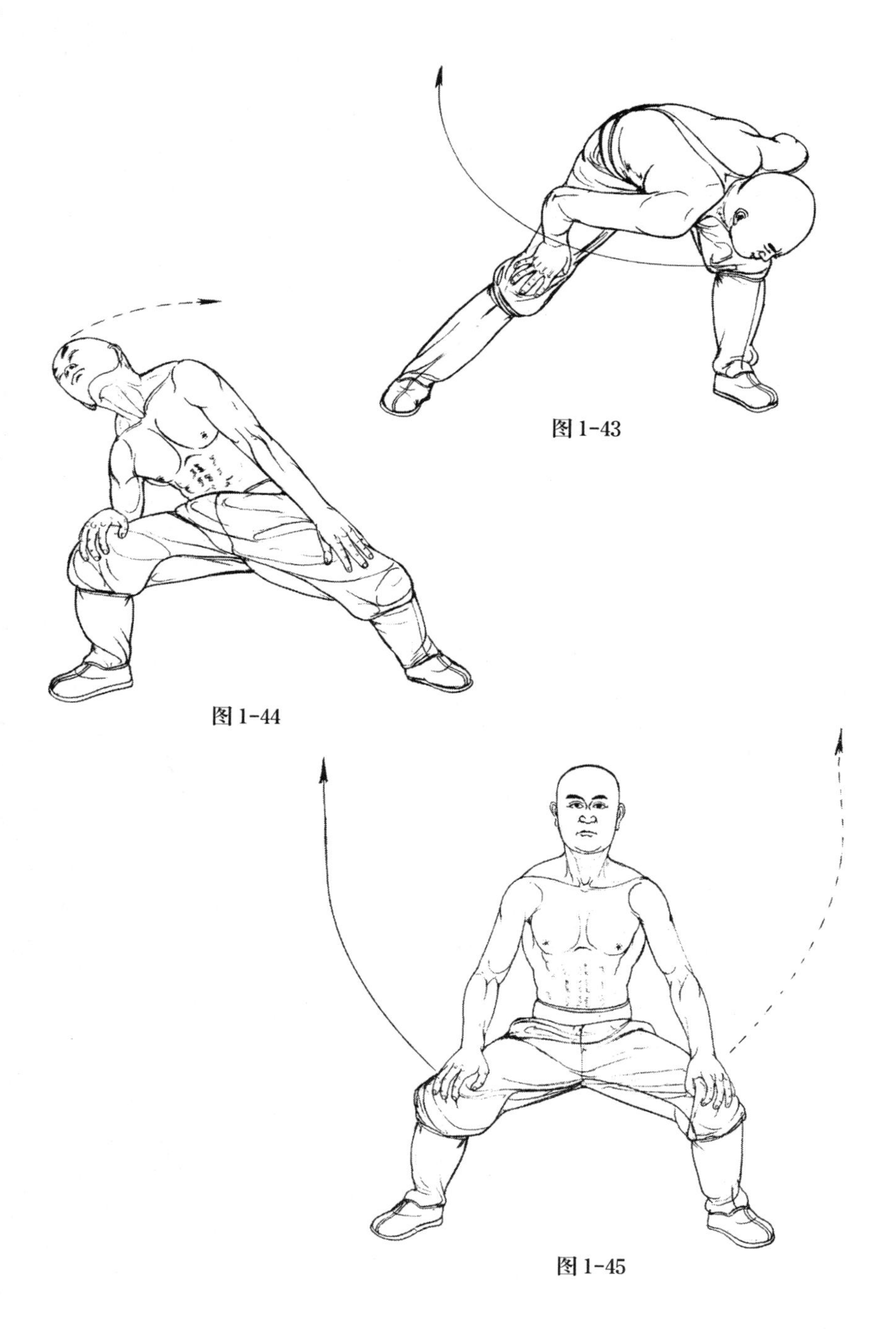

图 1-43

图 1-44

图 1-45

11. 身体重心左移；同时，两掌向外上举，掌心斜相对，掌尖向上。目视前方。（图 1–46）

12. 左脚内收半步，开步站立，与肩同宽，两膝缓缓伸直；同时，两掌内收至两额外侧，掌尖相对，掌心向下。（图 1–47）

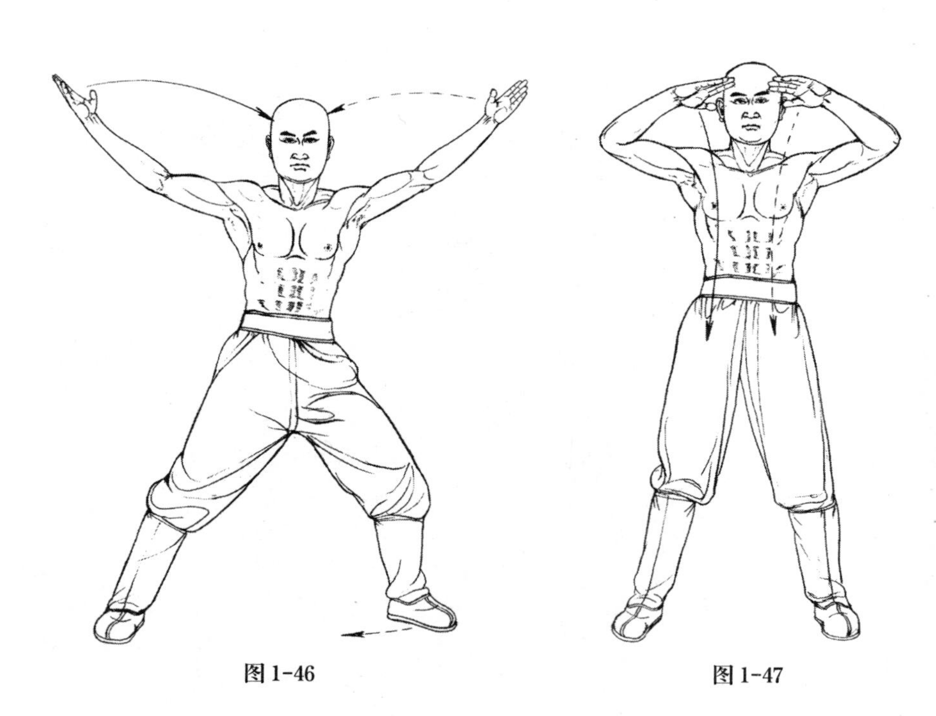

图 1-46　　图 1-47

13. 两掌下按小腹前，掌心向下，掌尖相对；两膝顺势稍屈。目视前方。（图 1–48）

14. 左脚内收，两脚并步，正身直立；两掌下落，垂于体侧。目视前方。（图 1–49）

图 1-48

图 1-49

第六段　躬身摩运健肾腰

【练法】

1. 接上段，左脚向左横开一步，两脚间距与肩同宽；同时，两掌坐腕翘指，掌尖向前，置于两大腿前。（图 1–50）

2. 两掌向前、向上举起，肘关节伸直，掌心向上，掌尖向后。目视前方。（图 1–51）

3. 两臂弯曲，两掌下按胸前，掌尖相对，掌心向下。（图 1–52）

4. 两掌尖下垂，伸向腋后，掌背贴胁，掌心向外。（图 1–53）

5. 两掌翻转使掌心向里，顺胁部摩运至腰部，虎口向下。（图 1–54）

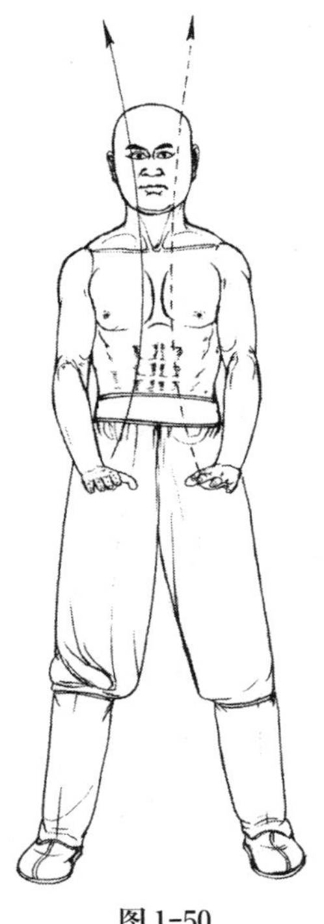

图 1-50

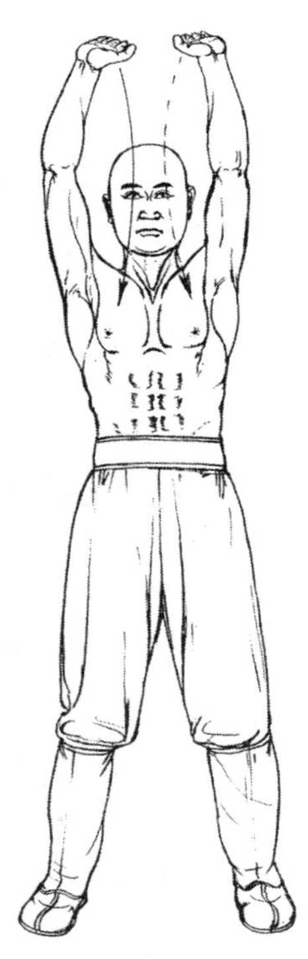

图 1-51

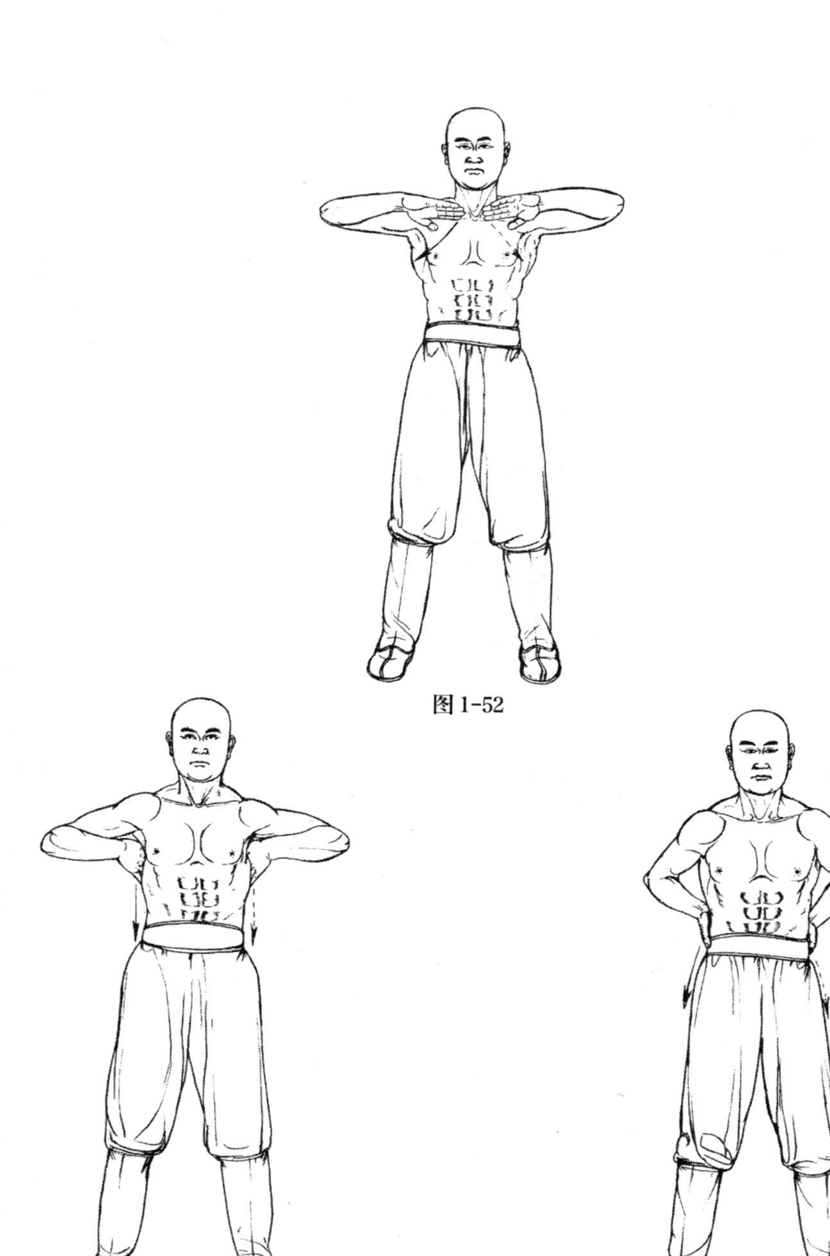
图 1-52

图 1-53

图 1-54

6. 头向前俯，两掌沿腰侧，向下摩运至臀部。（图 1–55）
7. 两掌沿腿侧向下摩运，上体前俯；两膝挺直。（图 1–56）
8. 两掌经膝弯过胫，摩运至脚面，指尖向前。（图 1–57）

图 1-55

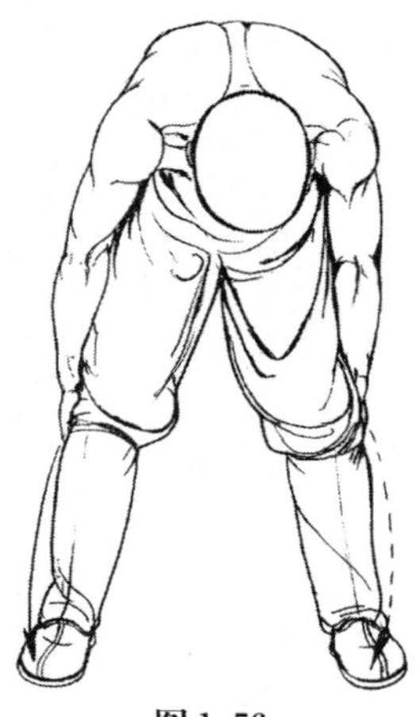

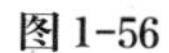

图 1-56

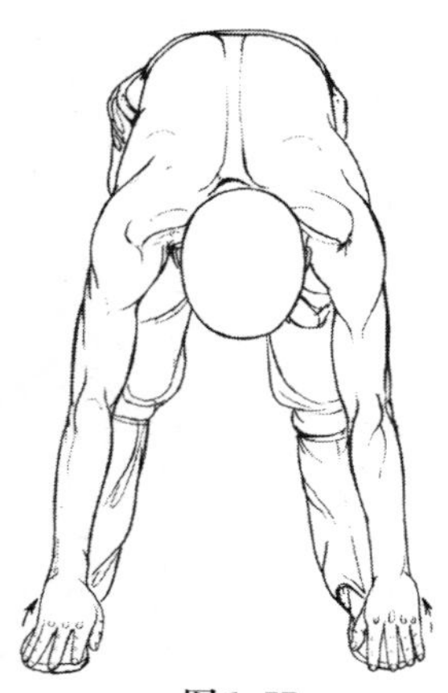

图 1-57

9. 两掌向外摩运至两踝。（图 1–58）

10. 两掌上提前伸；抬头，动作略停。目视前下。（图 1–59）

11. 上体起立；两掌伸臂上举，掌心向前，指尖向上。目视前上。（图 1–60）

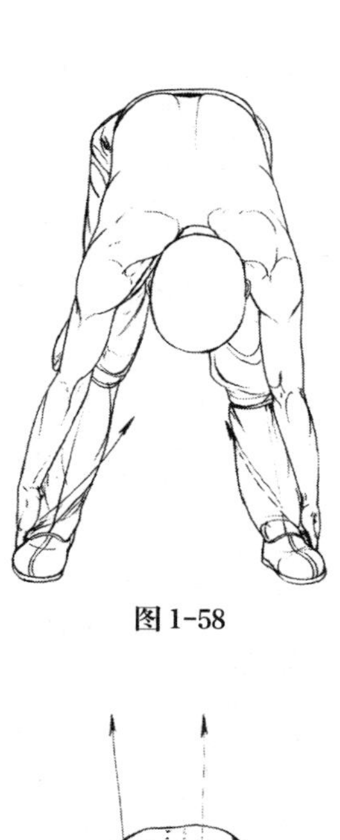

图 1-58

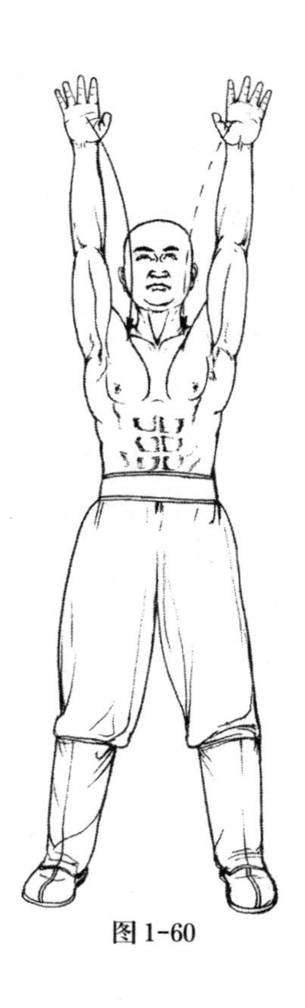

图 1-60

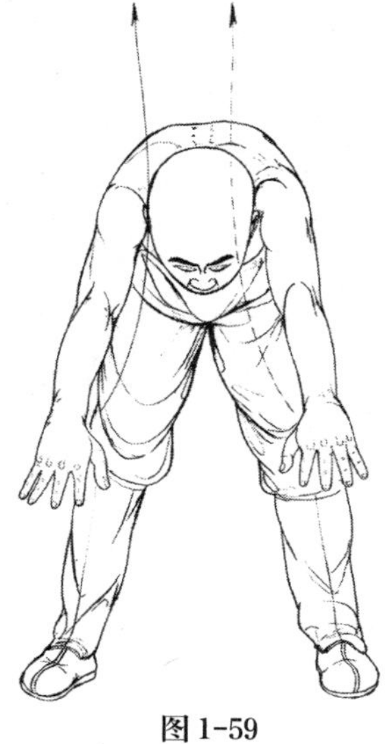

图 1-59

12. 松腰沉髋，身体重心缓缓下降，两腿放松；同时，两掌里合，沿体前下按小腹前，掌心向下，掌尖相对。目视前方。（图 1–61、图 1–62）

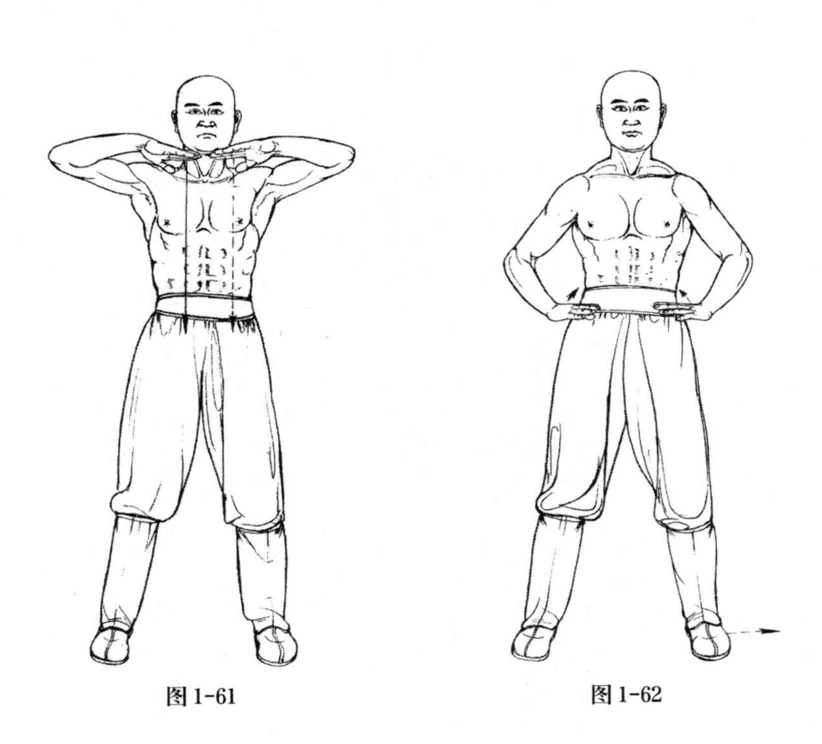

图 1-61　　图 1-62

第七段　冲拳瞪目增力气

【练法】

1. 接上段，左脚向左开半步，两腿屈膝半蹲成马步；同时，两掌握拳，抱于腰际，拳心向上。目视前方。（图 1–63）

2. 左拳向前冲出，与肩同高，拳心向下，拳面向前。两目圆睁，瞪视左拳。（图 1–64）

图 1-63　　图 1-64

3. 左拳立腕外旋，五指张开变掌，掌心向前。目视左掌。（图 1–65）

4. 左手外旋不停，掌心向上时握拳，肘关节微屈。（图 1–66）

5. 左拳用力握紧，收抱腰际。（图 1–67）

图 1-65

图 1-66

图 1-67

6. 接练右拳。（图 1–68 ～图 1–71）

7. 身体重心右移，左脚里收，两脚并步，正身直立；同时，两拳变掌，垂于体侧。（图 1–72）

图 1-68

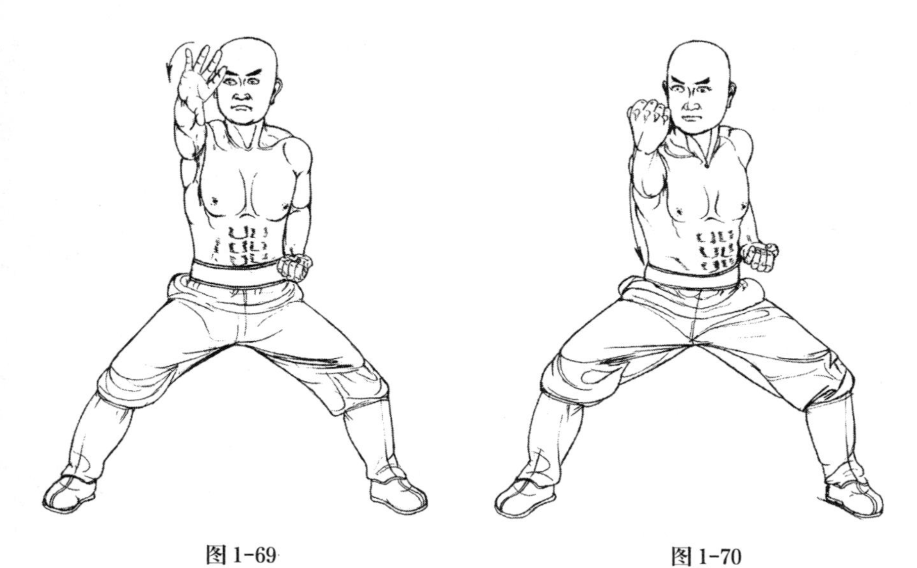

图 1-69

图 1-70

图 1-71

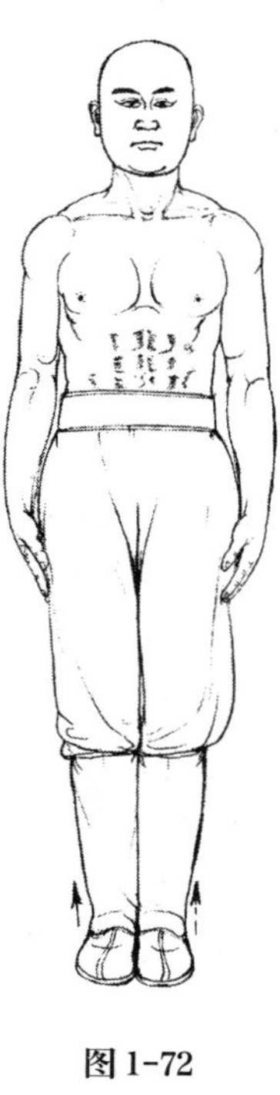

图 1-72

第八段　脚跟震地疲乏消

【练法】

1. 接上段，两脚跟向上提起，脚趾抓地立稳；两掌紧贴体侧。目视前方。（图 1–73）

2. 两脚跟下落，轻震地面，牙齿咬合。（图 1–74）

3. 随即提起，然后再落，反复练习。

4. 起踮震脚后，本八段锦即可收功。

注：

本功既可每段挑出来反复单练，也可把八段全部或部分组合起来连续练习，练习方式与次数请读者自行确定。

图 1-73

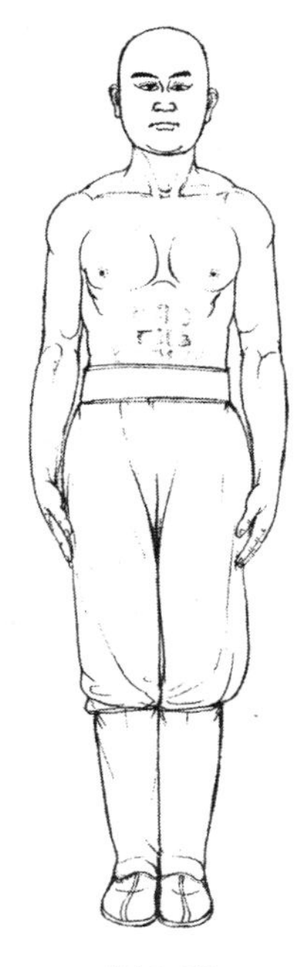

图 1-74

第二章

少林文架八段锦

少林文架八段锦，全功皆为坐式，所以也叫“坐八段”。此功借鉴禅修要诀，结合导引吐纳，是一种非常优秀的佛家养生功。

文架八段锦是相对于“武架八段锦”而言的，武架有力，运动量较大；文架柔和，运动量较小，比较适合体质较弱者。

本功简单易学，练之既不多费气力，也不多费时间；既可循序连环，亦可选练某段；而且功效很好。经常练习，可以舒筋利节，强心安神，防疾却病，延年益寿。

【少林文架八段锦歌诀】

弹鸣天鼓响连声，醍醐灌顶把脑聪。
摩面养颜祛疲劳，搅海生津补元精。
温煦命门壮腰肾，清理三焦脏腑清。
摇头摆尾活经络，气沉丹田练内功。

第一段　弹鸣天鼓响连声

【练法】

1. 双盘坐定，两掌扶于膝上。目视前方。（图 2–1）

2. 全身放松，垂帘调息数分钟。（图 2–2）

3. 两掌翻转成掌心向上，向左右缓缓分展，一字平肩，掌尖向外。（图 2–3）

4. 两掌上举过顶，置于两肩上方，掌心相对，掌尖向上。（图 2–4）

5. 两掌下落，十指按住后脑，两掌心按住耳孔。（图 2–5）

图 2-1　　图 2-2

图 2-3

图 2-4

图 2-5

6. 两手食指翘起。（图 2–6）

7. 将食指按在中指背上。（图 2–7）

8. 两手食指顺势向下滑落，两指相互用力形成弹劲，重重地弹在后枕骨上，耳内闻“咚”，如鸣鼓声。（图 2–8）

反复弹击 36 次。

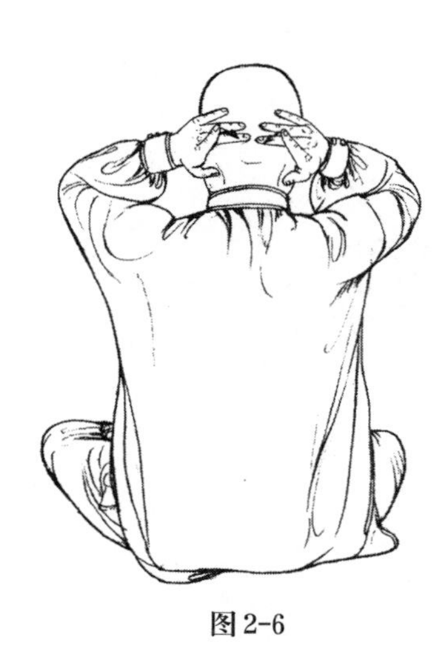

图 2-6

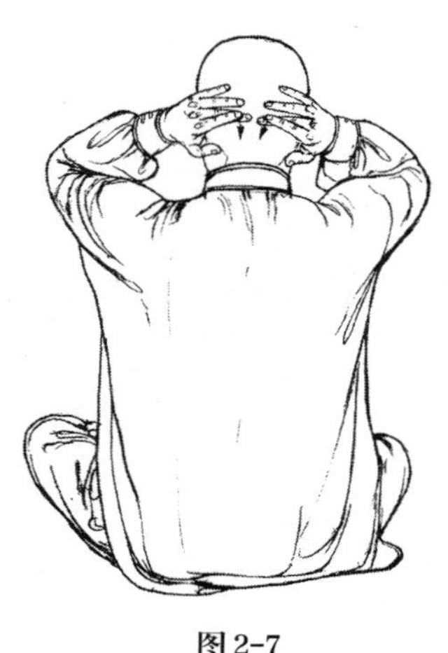

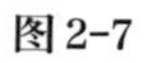

图 2-7

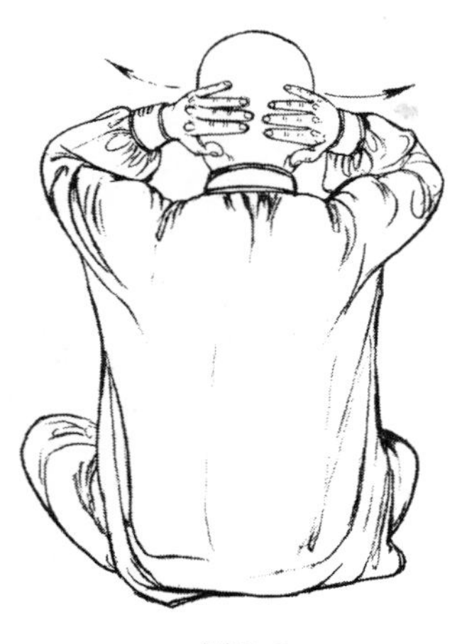

图 2-8

9. 松开两掌，向外分开，屈肘竖臂，掌尖高约同额。（图 2-9）

10. 两掌向顶上合拢。（图 2-10）

11. 两掌沿面前，下按至小腹前，掌尖相对，掌心向下。（图 2-11）

12. 两掌分开，扶于两膝上，呼吸自然。睁目，前视。（图 2-12）

图 2-9

图 2-10

图 2-11

图 2-12

第二段　醍醐灌顶把脑聪

【练法】

1. 接上段，两目垂帘；两掌屈指成爪，缓缓向前上抬，屈肘竖臂，约与耳平，爪心向前。（图 2–13）

2. 两爪内旋，手心向里，拇指按住太阳穴，余指尖按住额前。（图 2–14）

3. 两爪贴住头皮上推，如梳头发，缓缓推至脑后。（图 2–15）

4. 两掌抱住脑后。（图 2–16）

5. 用食、中二指揉按脑后部。（图 2–17）

6. 两掌向耳根下收，至腮下屈指半握，拳心斜向前。（图 2–18）

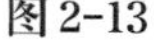
图 2-13

图 2-14

图 2-15

图 2-16

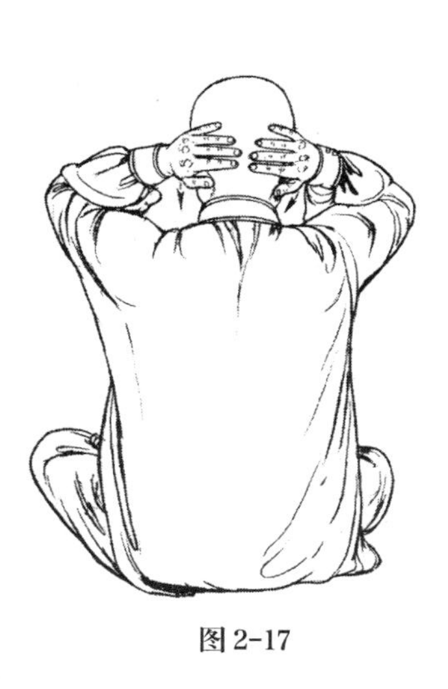

图 2-17

图 2-18

7. 伸指旋掌，十指张开，掌心向后，掌尖向上。（图 2-19）

8. 两掌内旋，沿胸前下按至小腹前，掌心向下，掌尖相对。（图 2-20）

9. 两掌分开，扶于两膝上。睁目，前视。（图 2-21）

图 2-19

图 2-20

图 2-21

第三段　摩面养颜祛疲劳

【练法】

1. 接上段，两目垂帘；两掌缓缓向前提至肩前，屈肘垂臂，掌心向里，掌尖向上。（图 2–22）

2. 两掌内合，中指、食指、无名指按住嘴角，由下而上经鼻翼上推至内眼角。（图 2–23）

3. 两掌沿眉棱外摩。（图 2–24）

图 2-22

图 2-23

图 2-24

4. 两掌由额角下摩过耳，至耳根处。（图 2–25）
5. 两掌下摩至两嘴角。（图 2–26）
6. 两掌尖外摩至两颌部。（图 2–27）
7. 两掌由耳门上摩，至两眉角。（图 2–28）
8. 两掌内合额前。（图 2–29）
9. 两掌向下，中指腹按内眼角，过鼻翼，至两嘴角。（图 2–30）
按上述练法顺、逆摩面 36 遍。
10. 放下两掌，扶于两膝上。睁目，前视。（图 2–31）

图 2–25

图 2–26

图 2–27

图 2-28

图 2-29

图 2-30

图 2-31

第四段　搅海生津补元精

【练法】

1. 接上段，两目垂帘；抿住嘴唇，牙齿轻合，舌尖抵住上唇内壁。（图 2–32）

2. 舌尖缓缓向左至左颊内壁，再缓缓经下唇内侧搅向右内壁，完成舌尖在口腔内一个划圆动作。此为逆时针方向搅海法。直至口内津液满布，分作三口吞咽入腹。随后，将舌头收回口腔内，自然平放。（图 2–33）

3. 练习舌尖在口腔唇内壁顺时针方向划圆搅动。

4. 睁目，前视；呼吸自然。（图 2–34）

图 2–32

图 2-33

图 2-34

第五段　温煦命门壮腰肾

【练法】

1. 接上段，两目垂帘；轻抬手臂，右掌握拳贴住肚脐（神阙穴），拳心向上；左掌握拳后收，拳眼贴住命门穴，拳心向上。（图 2–35）

2. 右拳轻轻敲击肚脐，左拳轻轻敲击命门穴，两手同时动作，敲击 36 次为宜。

3. 然后换手，右拳贴命门穴，左拳贴住神阙穴，两手同时动作，敲击 36 次。（图 2–36）

4. 收回两拳，变掌抚于两膝盖上。睁目，前视。（图 2–37）

图 2–35

图 2-36

图 2-37

第六段　清理三焦脏腑清

【练法】

1. 接上段，两目垂帘；两臂屈肘立臂，拇指掐捏食指，余指略屈，掌心向前，高约同耳。（图 2–38）

2. 两手下落合拢，于小腹部成抱掌式，右拇指按住左掌心，余四指抱住左掌指背；左拇指按住右拇指背。（图 2–39）

3. 两手自小腹向左、向上经左肋过心口，向右过肋下收至小腹，以逆时针方向摩圆 36 圈。然后再顺时针方向摩圆 36 圈。（图 2–40 ～图 2–42）

图 2-38

图 2-39

图 2-40

图 2-41

图 2-42

4. 双手上移，按压心窝，由上而下进行按摩，一直按摩至脐下。（图 2-43、图 2-44）

5. 左手指尖围绕肚脐，自右而左绕圈按摩 36 圈。（图 2-45）

6. 再从左向右按摩 36 圈。（图 2-46）

7. 两手从耻骨向上，贴住腹部划圈揉摩，至心窝。（图 2-47）

8. 两手放于小腹，再向上揉摩，共计 36 遍。（图 2-48、图 2-49）

图 2-43

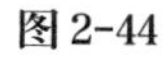

图 2-44

图 2-45

图 2-46

图 2-47

图 2-48

图 2-49

9. 双手分开，右掌落于小腹下，左掌提于左胸部。（图 2–50）

10. 左掌向下、右掌向上，一起揉按腹部。反复练习 36 次。（图 2–51）

11. 右掌向下、左掌向上，一起揉按腹部。反复练习 36 次。（图 2–52）

图 2–50

图 2–51

图 2–52

12. 左掌落于小腹下，右掌提于右胸部。（图 2—53）

13. 右掌揉至右肋下。左掌上揉左胁、左胸，至右胸；继下揉，经乳过肋，至右腹股沟。（图 2—54、图 2—55）

图 2-53

图 2-54

图 2-55

14. 左掌向左后收，换右掌上揉右胁、右胸，至左胸部；继下揉，经乳过肋，至左腹股沟。反复练习 36 次。（图 2-56、图 2-57）

图 2-56

图 2-57

第七段　摇头摆尾活经络

【练法】

1. 接上段，两手握固，放在两膝上，拳心向下。以腰为轴，上体向右、向下、向前、向左、向上划弧摇转一周。（图 2–58 ～图 2–62）

摇转时，头、肩随腰转动，动作要缓慢。

2. 向左、向下、向前、向右、向上划弧摇转一周。（图 2–63 ～图 2–66）

摇转次数左右相同，以 21 遍到 36 遍为宜，也可自定次数。

3. 睁眼；呼吸自然。（图 2–67）

图 2–58

图 2–59

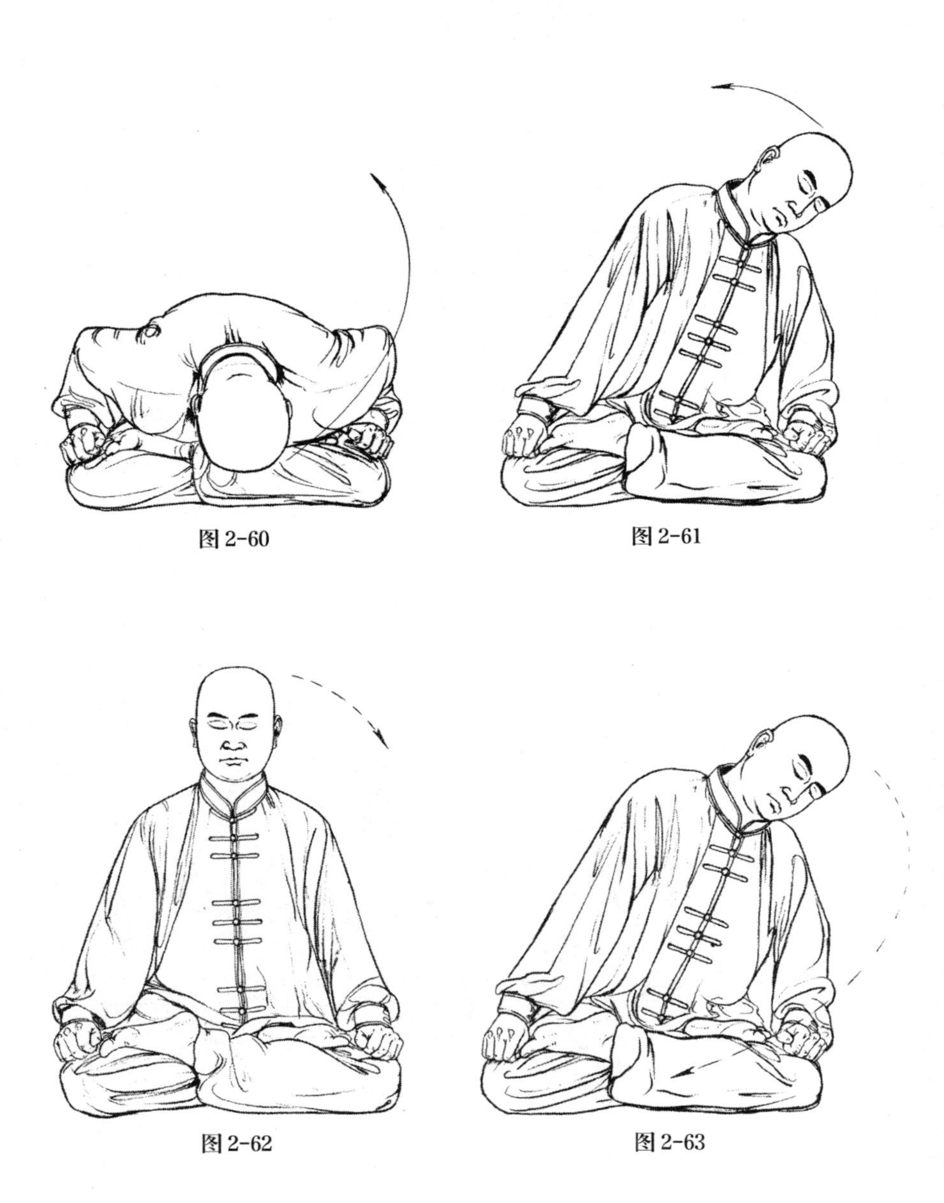

图 2-60

图 2-61

图 2-62

图 2-63

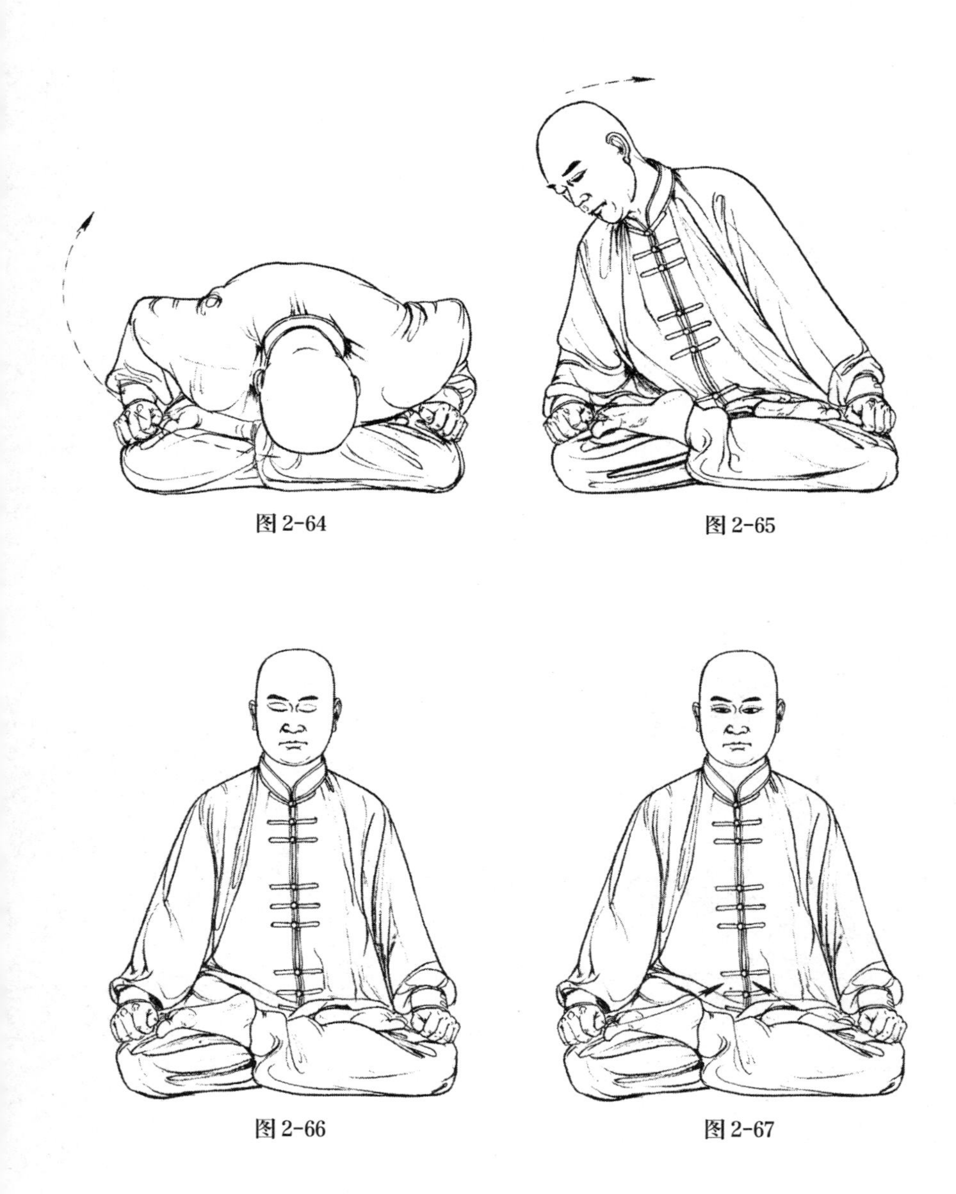
图 2-64
图 2-65
图 2-66
图 2-67

第八段　气沉丹田练内功

【练法】

1. 接上段，两目垂帘，意守丹田；两掌收于小腹前，掌尖相对，掌心向上。（图 2-68）

2. 以鼻深吸；同时，两掌缓缓上抬、内旋、翻转，向顶上托起，掌心向上，掌尖相对。（图 2-69 ～图 2-71）

图 2-68　　图 2-69

图 2-70

图 2-71

3. 以鼻长呼；同时，两掌翻转，缓缓下压至小腹前，掌心向下，掌尖相对。（图 2–72、图 2–73）

上述动作，反复练习 12 遍。

图 2-72　　图 2-73

4. 睁开双目，平视前方；两掌扶于膝盖上，调匀呼吸。本功收式。（图2-74）

图 2-74

第三章 武当武架八段锦

武当派，内家武术的典型代表，乃中华武术一大名宗。有“北尊少林，南崇武当”的美誉。

武当八段锦，运用内家修炼要诀，注重温养，以养积健；以意行气，以气运身；劲法柔和，动作灵便。

武当武架八段锦，是武当派功力性的一套站式八段锦，乃内家养生秘传。练之可以醒脑提神，驱困解乏；吐故纳新，祛浊除郁；舒筋利节，消僵散滞；祛病防疾，保健强身。

【武当武架八段锦歌诀】

两掌撑伸捋三焦，左右开弓射大雕。
调养脾胃单推举，五劳七伤往后瞧。
摇头摆尾心火去，俯身攀足壮肾腰。
瞪目握拳提精神，顿踵顺气百病消。

第一段　两掌撑伸捋三焦

【练法】

1. 两脚并步，正身直立；两手垂于体侧，呼吸自然。目视前方。（图 3-1）

2. 左脚横开一大步，两脚间距比肩稍宽；同时，两掌按于胯侧，坐腕翘指，掌尖向前，掌心向下，肘部略屈。目视前方。（图 3-2）

图 3-1　　图 3-2

3. 上体向前下俯；同时，两掌外转，向下弧形下捞于两脚内侧，掌尖相对，掌心向上。目视两掌。（图 3–3）

4. 抬头挺身；同时，两掌向前伸臂提起，掌心向上，掌尖向前，高与肩平。（图 3–4）

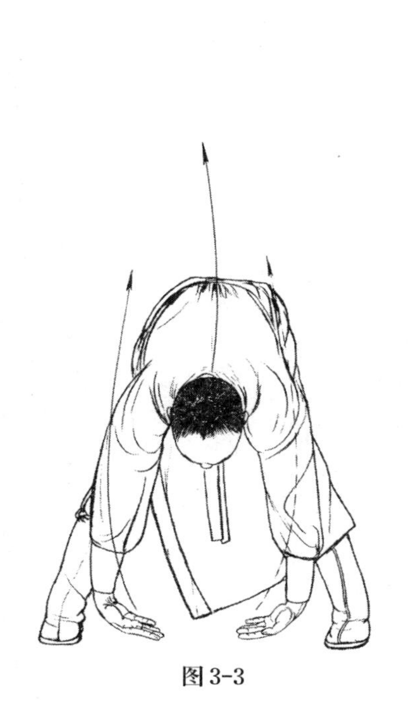
图 3-3

图 3-4

5. 两掌内收，掌尖上转，合掌胸前。（图 3–5）

6. 两掌根用力分开、内旋，十指尖相对，两肘向外分张，抬与肩平，掌心向前。（图 3–6）

7. 转掌向上，伸臂向头顶上方托举，掌尖相对；同时，两脚跟提悬。仰面，目视掌背。（图 3–7）

8. 两脚跟缓缓落地，正头颈，含颌；同时，两掌用力向上撑劲。目视前方。（图 3–8）

9. 两掌向左右分开下落，至臂与肩平时坐腕竖掌，同时向外撑劲。（图 3–9）

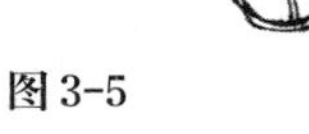

图 3-5

图 3-6

图 3-7
图 3-8
图 3-9

10. 两掌旋腕转掌，掌心向上，掌尖向外。（图 3-10）

11. 两掌翻转，掌心向下。（图 3-11）

图 3-10

图 3-11

12. 两掌下按至两胯外侧，坐腕翘指，掌根用力，掌心向下，掌尖向前，肘部略屈。目视前方。（图 3–12）

13. 左脚收向右脚，并步正身；松掌垂于体侧，虎口向前。目视前方。（图 3–13）

图 3-12　　图 3-13

第二段　左右开弓射大雕

【练法】

1. 接上段，右脚向右摆跨一步，两脚间距比肩稍宽；同时，头向左转，右掌坐腕翘指，置于右侧；左掌变拳斜伸于左侧方，高与胯平，拳眼向左前斜上方。目视左拳。（图 3-14）

2. 左拳不变；右掌经腹前向左划弧，经左肩前绕向脑后。（图 3-15）

图 3-14

图 3-15

3. 右掌经脑后向右、向下、向左划弧，至左拳处，以掌心按于左拳上。（图 3–16）

4. 右掌屈指成鹰爪状（扣弦手），屈臂向右肩前收拉（如拉弓弦）；左拳向前下撑力（如撑弓把）；同时，重心移于右腿，成横裆步。目视左拳。（图 3–17）

图 3-16　　图 3-17

5. 右拉、左撑，渐渐加力，使左拳直臂向左上斜伸，高过头顶，拳面斜向上；上体向右倾斜，右手置于右肩前，虎口向上，肘尖向右斜下方。目视左拳。（图 3–18）

6. 两手猛然伸指张开，右掌心向里，左掌心向左前斜上方。目视左掌。（图 3–19）

图 3-18　　图 3-19

7. 重心移于左腿，两掌下落体外侧，右掌握拳向前斜下方伸臂，高与胯平；左掌伸于左下方。目视右拳。（图 3–20）

8. 接练右式。（图 3–21 ～图 3–25）

9. 两脚大幅开步，挺膝正立；两掌下落体侧伸臂，五指张开，掌心向前。目视前方。（图 3–26）

10. 左脚里收，两脚并步；两掌垂放体侧，虎口向前。目视前方。（图 3–27）

图 3-20　　图 3-21

图 3-23

图 3-22

图 3-24

图 3-25

图 3-26

图 3-27

第三段　调养脾胃单推举

【练法】

1. 接上段，右脚向右横开一步，两脚间距略宽于肩；同时，两掌收提腋前，两肘上提，虎口向前，掌尖向下。目视前方。（图 3–28）

2. 两掌旋转，掌尖向前，掌心向上，紧靠腋前；两肘尖向后。目视前方。（图 3–29）

3. 体左转，左膝略屈；同时，左掌向左斜上方伸臂推举，掌心向上，掌尖向右；右掌向右斜下方伸撑。（图 3–30）

4. 重心左移，左脚稍向前滑，右腿蹬伸成左弓步；左掌用力举撑。目视左掌。（图 3–31）

5. 身体渐渐向右转动，右掌向右后移动，左掌向右斜上方移动；同时，左腿蹬伸成右弓步。目视左掌。（图 3–32）

图 3-28

图 3-29

图 3-30
图 3-31
图 3-32

6. 上体左转，左掌向下、向左划落于左大腿外侧方，掌心向下，掌尖向前；右掌向上举于头部右侧上方，肘臂略屈，掌心向上，掌尖向左斜上方。此为过渡动作。（图 3–33）

7. 接着练习右式。（图 3–34、图 3–35）

图 3-34

图 3-33

图 3-35

8. 体转正，两掌交叉胸前，左里右外，掌心向里，掌尖向上。目视前方。（图 3–36）

9. 两掌分开下按体侧，约与胯平，掌根用力，掌尖向前。目视前方。（图 3–37）

10. 右脚内收，并步正身直立；两掌垂于体侧，虎口向前。目视前方。（图 3–38）

图 3-36

图 3-37

图 3-38

第四段　五劳七伤往后瞧

【练法】

1. 接上段，右脚向右横跨一大步；身体左转，成左弓步；同时，两掌扶按于左膝盖上，右掌心按于左掌背。（图 3–39）

2. 头部缓缓向左后转。目视右脚后跟。（图 3–40）

3. 头向左后转带动胸、肩，至极限之际两掌分开，左掌向左后斜下方伸臂撑出，直至右大腿后侧；右掌提至额上方，屈肘向上拉力，肘尖向斜上方。目视左掌尖。（图 3–41）

4. 右转体，成右弓步；两掌扶按于右膝上，左掌心贴按右掌背。（图 3–42）

5. 接着向右后瞧。动作与图 3–40、图 3–41 相同，方向相反。（图 3–43、图 3–44）

图 3-39

图 3-40

图 3-41　　图 3-42

图 3-43　　图 3-44

6. 上体左转，面向正前方，大开步直立；伸臂，两掌垂于体侧，虎口向前。目视前方。（图 3-45）

7. 步形不变；头部缓缓左转，双目向左后视；同时，两掌转动，掌心向前，两臂尽力伸直。（图 3-46）

8. 接着转正，向右后瞧。（图 3-47、图 3-48）

图 3-45

图 3-46

图 3-47

图 3-48

9. 左转，面向正前方；两掌转成虎口向前。目视前方。（图 3–49）

10. 右脚内收，并步直立；两掌垂于体侧。目视前方。（图 3–50）

图 3-49

图 3-50

第五段　摇头摆尾心火去

【练法】

1. 接上段，右脚向右横开一步，两脚间距比肩稍宽，大开步直立；同时，两掌收按胯部，拇指在前，掌尖向下。（图 3–51）

2. 臀部以逆时针方向平面摇转一周，头部随之。（图 3–52 ～图 3–55）

图 3–51　　图 3–52

图 3-53

图 3-54

图 3-55

3. 接着，臀部以顺时针方向平面摇转一周，头部随之。（图 3–56 ~ 图 3–59）

4. 上身略向前俯，两腿挺直。目视前下方。（图 3–60）

5. 头向左转，臀部同时向左。（图 3–61）

6. 头向右转，臀部同时向右。（图 3–62）

图 3–56

图 3–57

图 3–58

图 3-59

图 3-60

图 3-61

图 3-62

7. 回至前俯姿势。（图 3–63）

8. 两掌下伸至脚尖前，掌背向前；两腿挺直，头颈略抬。（图 3–64）

9. 头向左转，臀向左扭。（图 3–65）

图 3-63

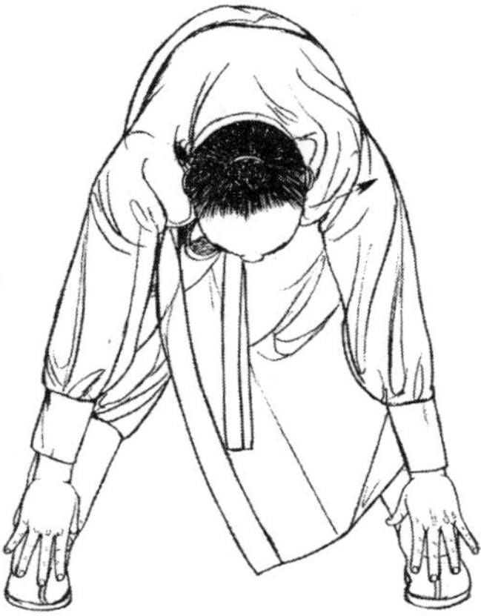

图 3-64

图 3-65

10. 头部右转，臀向右扭。（图 3-66）

11. 头部回正，昂首前视。（图 3-67）

12. 立起上身，两掌垂于体侧，放松身体。（图 3-68）

13. 右脚内收，并步直立。目视前方。（图 3-69）

图 3-66

图 3-67

图 3-68　　图 3-69

第六段　俯身攀足壮肾腰

【练法】

1. 接上段，右脚向右横开一步，大开步直立。（图 3-70）

2. 两腿屈膝全蹲；同时，两掌下落，按住两脚面；立身，昂头。目视前方。（图 3-71）

图 3-70　　图 3-71

3. 臀部后起，两腿挺直；上体前俯，两掌按脚不变；头部向前下探。（图 3–72）

4. 头部尽量前抬，昂首前视。（图 3–73）

5. 两臂交叉，右臂在前，左掌探右脚背，右掌探左脚背，掌背向前；头向下探；两腿尽力挺直。（图 3–74）

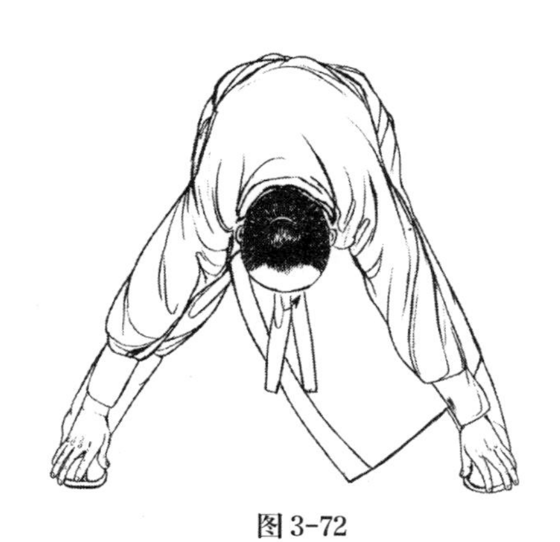

图 3-72

图 3-73

图 3-74

6. 起身直立；松开两掌，按于体侧，掌尖向前。目视前方。（图 3–75）

7. 右脚内收，并步正身直立；两掌垂于体侧，虎口向前。目视前方。（图 3–76）

图 3-75　　图 3-76

第七段　瞪目握拳提精神

【练法】

1. 接上段，右脚向右跨步，大开步站立；同时，两掌按于胯侧，坐腕翘指，掌尖向前。（图 3–77）

2. 两掌旋腕扣指握拳，拳心向上。两目瞪起，两拳握紧。（图 3–78）

图 3-77　　图 3-78

3. 两拳用力，缓缓上收腹前。拳不可松，目不可收。（图3−79）

4. 两拳缓缓向左右平肩推开，拳眼向上。两目瞪起，两拳握紧。（图3−80）

5. 两拳松开，两目微收。（图3−81）

6. 两掌旋腕扣指握拳，拳心向上，拳面向外。两目瞪起。（图3−82）

7. 两拳缓缓屈臂，收至胸前，拳面相对，拳心向下，用力握紧。两目瞪起。（图3−83）

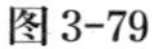

图3-79

图3-80

图 3-81
图 3-82
图 3-83

8. 两拳松开成掌，向前平肩伸出，掌心向上，掌尖向前。（图 3-84）
9. 两掌屈指握拳，拳心向上。两目瞪起。（图 3-85）
10. 两拳握紧收至胸前，垂肘竖臂，拳心向里。两目瞪起。（图 3-86）

图 3-84

图 3-85

图 3-86

11. 两拳握紧，用力收至肋侧，拳心向上。两目瞪起。（图 3-87）

12. 放松身体，两拳变掌下垂体侧。（图 3-88）

13. 右脚内收，并步直立；两掌垂于体侧，虎口向前。目视前方。（图 3-89）

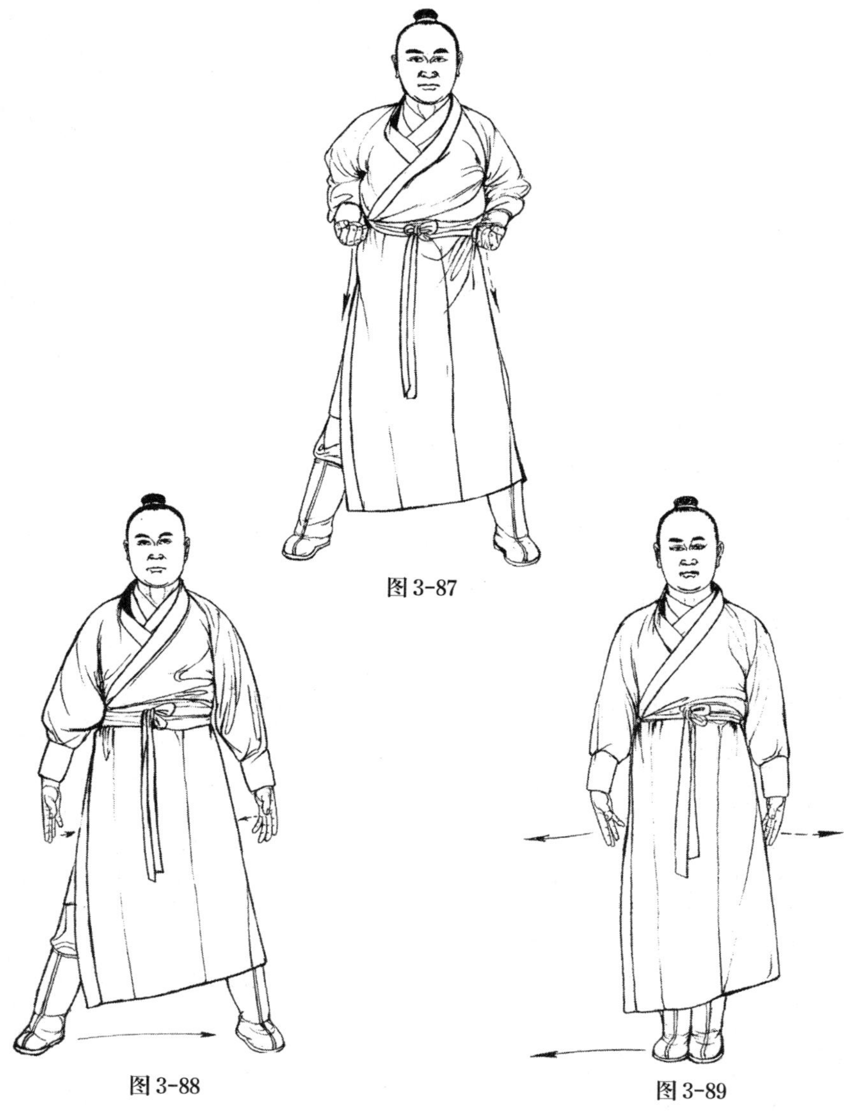

图 3-87

图 3-88

图 3-89

第八段　顿踵顺气百郁消

【练法】

1. 接上段，右脚向右横跨，大开步站立；同时，两掌外分坐腕，掌尖向外，掌心向下。目视前方。（图 3–90）

2. 双掌向前推出，以臂直为度，掌尖向前，十指张开；同时，两脚跟提悬，前脚掌着地，上身亦乘势向前探俯。（图 3–91）

图 3-90　　图 3-91

3. 身体略一顿挫，即转掌拉回腰际；同时，两脚跟落地，两腿屈膝半蹲成马步。目视前方。（图 3–92）

如此一俯一回，反复练习。

4. 立身，两掌向外、向上划弧至肩前，掌尖相对，掌心向下；同时，两脚跟提悬，前脚掌撑地立稳。（图 3–93）

图 3-92

图 3-93

5. 两掌沿体侧下按；同时，脚跟落地。（图 3–94）

如此一起一落，反复练习。

图 3-94

6. 脚跟落地，两腿立起；两掌垂下，虎口向前。（图 3–95）

7. 右脚内收，并步直立；两掌垂放体侧。身体放松，调匀呼吸，本功收式。（图 3–96）

图 3-95

图 3-96

第四章
武当文架八段锦

武当文架八段锦，与“少林文架八段锦”同类，全功也皆为坐式，动作精简，易学易练。

经常练习，可修养心性，补益真元，理疗病疾，强健身体。有所谓“一坐俗念全放定，调息沉气心神清。延年益寿练真劲，柔功修持不老命。养精蓄锐八段锦，多习文架化疾病。”

【武当文架八段锦歌诀】

双手托天理三焦，左右弯弓似射雕。
调理脾胃单手举，五劳七伤往后瞧。
摇头摆尾祛心火，揉膝摩背固肾腰。
攒拳怒目增力气，坐后起颠百病消。

第一段 双手托天理三焦

【练法】

1. 双腿盘膝而坐，全身放松；头往上顶，舌尖轻舐上腭；两掌扶按于两膝盖上。（图 4–1）

2. 两掌缓缓向左右分展，至与腰平，掌心向下，掌尖向外。（图 4–2）

图 4–1

图 4–2

3. 两掌向里合抱，缓缓收至腹前，十指交叉，掌心向里。（图 4-3、图 4-4）

4. 两掌上抬胸前，掌心向里，两拇指在上。（图 4-5）

5. 双掌转腕，掌心向前，两臂屈肘张抬，约与耳平。（图 4-6）

图 4-3　图 4-4

图 4-5　图 4-6

6. 两掌直臂向上举托于头顶上方，掌心向上。仰面，上视。（图 4–7）

7. 两臂托举撑直，保持姿势；低头含颌。目视前下。（图 4–8）

8. 平头颈；上体缓缓用力左转。目视左方。（图 4–9）

图 4–7

图 4–8

图 4–9

9. 上体缓缓用力右转。目视右方。（图 4–10）

10. 上体转正。目视前方。（图 4–11）

11. 两掌向左右分开、下落，至与腰平，掌心向下，掌尖向外。（图 4–12 ~图 4–14）

12. 两掌转腕，分别由两侧捧于腹前，掌尖略相对，掌心向上。目视前方。（图 4–15）

图 4–10

图 4–11

图 4–12

图 4-13
图 4-14
图 4-15

第二段　左右弯弓似射雕

【练法】

1. 接上段，两掌交腕脐前，右掌在上，左掌在下，掌尖向斜下，掌背向前。目视前方。（图 4–16）

2. 两掌交臂上抬至胸前，左掌在外，右掌在里，掌心均向里，掌尖向上。（图 4–17）

图 4–16　　图 4–17

3. 头左转；左掌竖食指，余四指屈成单指掌；右手拇、食指相扣，余三指握掌中。随即，左手内旋向左侧推出，左腕与肩同高，掌心向左；右手屈肘右拉，停于右肩前，虎口向上。目视左手。（图 4-18、图 4-19）

4. 左单指掌向左斜上方推出，掌心向左；右手成扣弦手，以肘带臂拉至右肩前，虎口向上，拳心向里；上体略向右倾。目视左手。（图 4-20）

5. 两手伸指成掌，下落、里合，交叉胸前；头向右下扭，随即转正。此为过渡动作。（图 4-21、图 4-22）

图 4-18

图 4-19

图 4-20

图 4-21

图 4-22

6. 接着，练习右式。（图4-23 ~图 4-25）

7. 正体；两手伸指成掌，两臂展平，腕部平肩，屈腕垂指，掌心向前。（图 4-26、图 4-27）

8. 两掌伸平，掌心向上，掌尖向外。目视前方。（图 4-28）

图 4-23

图 4-24

图 4-25

图 4-26

图 4-27

图 4-28

9. 两掌弧形上举，至头顶屈腕，掌尖相对，掌心向下。（图 4-29）

10. 两掌下按小腹前。（图 4-30）

11. 两掌转腕，右掌心抱贴左掌背，左掌心贴按小腹。目视前方。（图 4-31）

图 4-29

图 4-30

图 4-31

第三段　调理脾胃单手举

【练法】

1. 接上段，两掌分开，上托胸前，掌尖相对，掌心向上，肘尖向外。（图 4–32）

2. 右掌内旋下沉，掌尖斜竖起，肘臂下落，置于右胸前侧；同时，左掌内旋上提，置于左肩前，拇指在下，掌心斜向前，肘臂外张。（图 4–33）

图 4-32

图 4-33

3. 左掌外旋向上托举，至头顶上方，力达掌根，掌心向上，掌尖向右；同时，右掌转腕，下按至右髋旁，力达掌根，掌心向下，掌尖向前。仰面，目视左掌。（图 4–34、图 4–35）

4. 两掌保持上举下按动作；头缓缓右转。目视右方。（图 4–36）

图 4-34

图 4-35

图 4-36

5. 头转正；右掌上提，收于腹前，掌心向上；同时，左臂屈肘外旋，左掌下落腹前，掌心向上，两掌尖相对。目视前方。（图 4-37 ~图 4-39）

图 4-37

图 4-38

图 4-39

6. 接着，练习右举左按。（图 4-40 ～图 4-47）

图 4-40

图 4-41

图 4-42

图 4-43

图 4-44　图 4-45

图 4-46　图 4-47

第四段　五劳七伤往后瞧

【练法】

1. 接上段，两掌左右分开，伸臂上提，高与肩平，掌心向下，掌尖向外。目视左掌。（图 4–48、图 4–49）

图 4-48

图 4-49

2. 上体向前转正；同时，两臂向前平举，掌尖向前，掌心向下。目视前方。（图 4-50）

3. 至两掌与肩同宽时，左掌向内平收胸前，掌尖向右；右掌转掌收向小腹前，掌心向上，掌尖向左，两掌成抱球状。目视前方。（图 4-51）

4. 左掌下按于小腹前，两掌心相贴，左掌尖向右，右掌尖向左。目视前方。（图 4-52）

图 4-50

图 4-51　　图 4-52

5. 两掌不变；头向左转。目向左侧后用力看去。（图 4-53、图 4-54）

6. 左肩下沉；同时，向上抬头，目视左上方。（图 4-55）

7. 下颏内收，上体转正。目视前方。（图 4-56）

图 4-53

图 4-54

图 4-55

图 4-56

8. 接着，练习右侧转头。（图 4-57 ～图 4-64）

图 4-57

图 4-58

图 4-59

图 4-60　　图 4-61

图 4-62

图 4-63

图 4-64

第五段　摇头摆尾祛心火

【练法】

1. 接上段，两掌分别扶于膝盖上。目视前方。（图 4–65）

2. 身体稍向上升起，随即缓缓向前俯身，面部尽量接近地面。稍停。（图 4–66）

3. 塌腰，抬头。（图 4–67）

4. 头部缓缓左移，至左膝前，面向下。（图 4–68）

5. 塌腰，头向左缓缓抬起。（图 4–69）

6. 伸颈，昂头。（图 4–70）

图 4-65　　图 4-66

图 4-67　　图 4-68

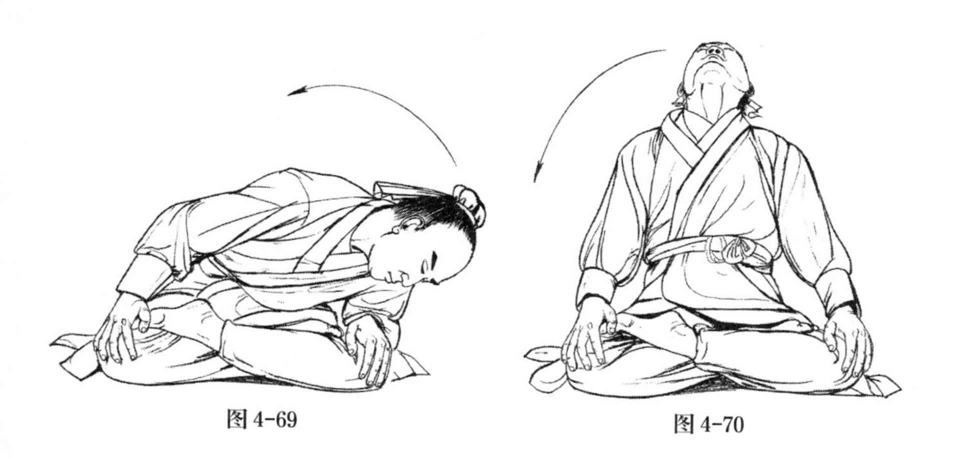

图 4-69　　图 4-70

7. 头向右弧形转动。（图 4−71）

8. 向前俯身，面部近地。（图 4−72、图 4−73）

9. 伸颈，昂头。（图 4−74）

10. 低头正颈。目视前方。（图 4−75）

图 4-71

图 4-72

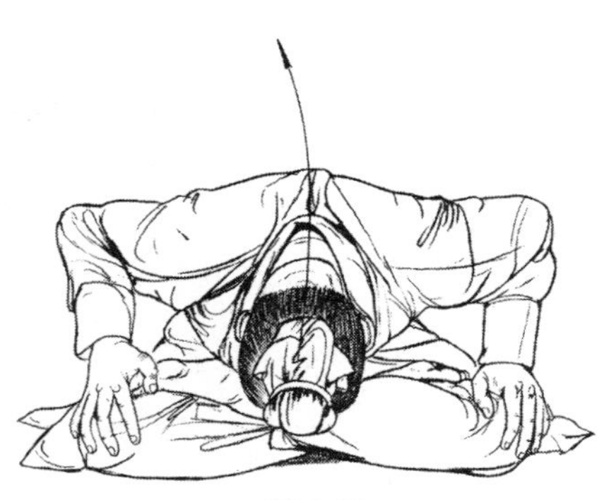

图 4-73

图 4-74

图 4-75

第六段　揉膝摩背固肾腰

【练法】

1. 接上段，两掌收至小腹前，十指交叉，掌心向里。目视前方。（图4-76）

2. 两掌缓缓提至胸前，两肘外展，约与肩平。（图4-77）

3. 两肘再向上一抬，掌至下颌，内旋转腕，掌心向前。（图4-78）

图4-76

图4-77

图4-78

4. 两掌内旋，伸直托举，直至臂直。仰面，上视。（图 4-79）

5. 两掌松开、转腕，掌心向下，掌尖相对，缓缓屈臂下按于两膝盖上。（图 4-80 ~图 4-82）

图 4-79

图 4-80

图 4-81

图 4-82

6. 两掌以顺、逆时针方向揉摩膝盖，至两膝发热为宜。（图 4−83 ～图 4−86）

7. 两掌沿大腿外侧摩运到臀部外侧，按住环跳穴部位，反复揉 36 次。（图 4−87）

8. 两掌贴住后腰，做上下连续摩擦动作。一下一上为 1 遍，共做 24 遍。（图 4−88）

9. 叠掌于小腹，左掌在外，左掌心按于右掌背上。两掌贴住以顺时针方向摩运 3 周，再以逆时针方向摩运 3 周。（图 4−89）

图 4-83　图 4-84

图 4-85　图 4-86

图 4-87

图 4-89

图 4-88

第七段　攒拳怒目增力气

【练法】

1. 接上段，两掌分开，向前上方伸举至臂直，掌心向前，掌尖向上。目视前方。（图 4–90）

2. 两掌“握固”。（图 4–91）

3. 两拳向外、向前下落，至两膝外上方停住，转腕成拳心向上。（图 4–92、图 4–93）

4. 屈肘后收，两拳抱于腰间，两拳攒紧，瞪睛怒目。（图 4–94）

图 4-90　　图 4-91

图 4-92

图 4-93

图 4-94

5. 两肘后收，两拳上提腋下，拳心向上。紧拳怒目，不可放松。（图4-95）

6. 左拳用力向前冲出，拳心向下。两目圆睁，瞪视左前。（图4-96）

7. 左臂内旋，左拳变掌，虎口向下。目视左掌。（图4-97）

图4-95

图4-96

图4-97

8. 左臂外旋，肘关节微屈；同时，左掌向左缠绕，变掌心向上，随即“握固”。（图 4−98 ~图 4−100）

9. 然后屈肘，左拳回收左胁前，紧拳怒目。（图 4−101）

图 4-98

图 4-99

图 4-100

图 4-101

10. 接着，练习右拳。（图 4-102 ~ 图 4-106）

11 两拳下落，收抱腰间，调息片刻。（图 4-107）

12. 两肘后拉，两拳上提腋下，拳心向上。目视前方。（图 4-108）

13. 两臂内旋，两拳向前冲出，与肩同高，拳心向下。怒目，瞪视前方。（图 4-109）

图 4-102

图 4-103

图 4-104

图 4-105

图 4-106

图 4-107

图 4-108

图 4-109

14.两臂内旋，两拳变掌，虎口向下，掌尖斜相对。目光前视。（图 4–110）

15.两臂外旋，肘关节微屈；同时，左掌向左缠绕，右掌向右缠绕，变掌心向上，随即“握固”；瞪睛怒目。然后屈肘，双拳回收，抱于肋际，拳心向上。（图 4–111 ～图 4–113）

图 4–110

图 4–111

图 4–112

图 4–113

16. 两拳抬肘，置于两肩前，拳心向下，两臂平肩。（图 4-114）

17. 两拳同时向腰后下方冲出，两臂伸直，拳面向后。双目圆睁，瞪视前方。（图 4-115）

图 4-114

图 4-115

18. 两臂外旋，肘关节微屈；两拳变掌，左掌向左缠绕，右掌向右缠绕，变掌心向上，随即“握固”。然后屈肘，双拳回收，抱于腰间。（图 4–116 ～图 4–118）

19. 两肘后拉，两拳上提腋下，拳心向上。目视前方。（图 4–119）

图 4–116

图 4–117

图 4–118

图 4–119

20. 两拳内旋，至拳心向下时，伸臂向两侧平肩冲出。怒目圆睁，瞪视前方。（图 4−120、图 4−121）

21. 两臂下旋，两拳变掌，虎口向下，掌尖向外。目视前方。（图 4−122）

图 4-121

图 4-120

图 4-122

22. 两臂外旋，肘关节微屈；同时，左掌向左缠绕，右掌向右缠绕，变掌心向下，随即“握固”。然后屈肘，双拳外旋回收，抱于腋下，拳心向上。（图 4–123、图 4–124）

23. 两拳内旋成拳心向前，伸臂向头顶上方冲出，拳眼相对；仰面。怒目圆睁，瞪视上方。（图 4–125）

图 4-123

图 4-124

图 4-125

24. 两拳变掌，十指张开，掌心向前，掌尖向上。（图 4-126）

25. 两臂外旋，肘关节微屈；同时，左掌向左缠绕，右掌向右缠绕，变掌心向上，随即“握固”。然后屈肘，双拳回收，抱于腋下，落于腰间。（图 4-127 ～图 4-130）

图 4-126

图 4-127

图 4-128

图 4-129　　图 4-130

第八段　坐后起颠百病消

【练法】

1. 接上段，两拳变掌，向前旋转、下落，分别抚于膝盖上。调息片刻。（图 4-131、图 4-132）

图 4-131

图 4-132

2. 两掌下落，分别按于两大腿外侧，掌尖向前，两臂伸直用力撑劲，使臀部及两腿离地，身体悬空。（图 4-133）

3. 两臂屈肘松劲，使臀部、大腿猛然落地。（图 4-134）

图 4-133

图 4-134

4. 两掌用指尖抵地，伸臂用力，两小腿及膝部抵地，将臀部抬离地面，上身略前俯。随即，上抬下颌，仰面上视。（图 4–135、图 4–136）

5. 两臂松劲，两掌收按两膝；同时，臀部猛然落下。（图 4–137）

6. 两掌下伸，用掌尖按地；两小腿及膝部抵地，臀部抬离地面；上体向前伸，抬颌。（图 4–138）

图 4-135

图 4-136

图 4-137

图 4-138

7. 臀部猛然后坐，两掌收放小腿上。目视前下。（图 4−139）

8. 两腿向前伸出，两掌按摩腰部。（图 4−140）

9. 收腿屈膝而坐，面部埋于两膝上，两臂前伸交叉抱于两小腿。活动周身，使其放松。（图 4−141）

图 4-139

图 4-140

图 4-141

10. 伸直两腿，勾紧脚尖，低头俯身；两掌前伸，勾攀两脚尖。然后抬头仰面。反复数次。（图 4-142、图 4-143）

练后站起身，散步数分钟，全功结束。

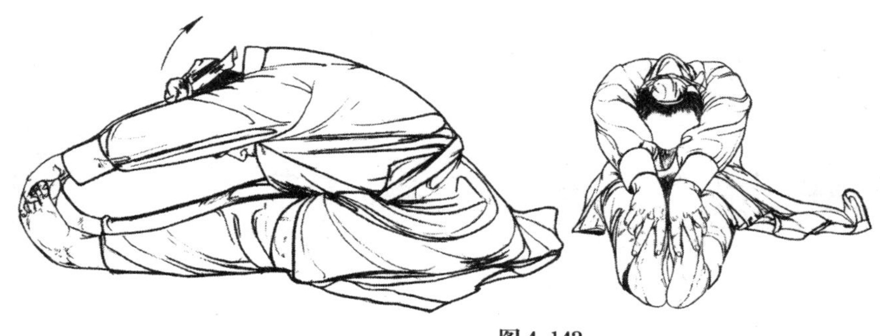

图 4-142

图 4-143

第五章
峨眉混元八段锦

峨眉派武术是与少林、武当齐名的中国武术三大流派之一。一般而言，少林偏刚，武当偏柔，峨眉则刚柔相济；各派八段锦也大都沿袭本派一贯风格。

峨眉混元八段锦，是峨眉养生八段锦中的优秀功法，独具特色，有刚有柔，练养结合，动静相宜，内外兼修，混元一体。

【峨眉混元八段锦歌诀】

双推掌法通肩臂，一拉一撑肺力增。
一托一按利脾胃，转头后视脑神清。
前俯后仰活身段，弯腰拳伸肾元兴。
搦拳瞪目慢提劲，顿脚扩拳全身轻。

第一段 双推掌法通肩臂

【练法】

1. 两脚并步，正身直立；两掌垂于体侧。目视前方。（图 5-1）

2. 左脚向左横开一步，两脚间距比肩稍宽；两掌略向外分开。（图 5-2）

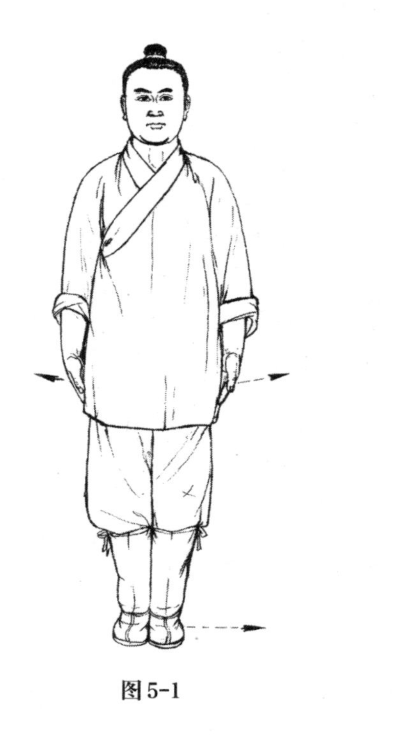

图 5-1

图 5-2

3. 两膝里屈；两掌内收提于腹前，掌尖相对，掌心向上。目视前方。（图 5–3）

4. 两腿伸立；两掌转腕向前推出，掌尖向上，掌心向前，腕与肩平。目视两掌。（图 5–4）

5. 两掌直臂向左右平展，坐腕竖掌，掌尖向上，掌心向外。目视前方。（图 5–5）

图 5–3

图 5–4

图 5–5

6. 两掌旋转，下收腰间，掌棱贴身，掌心向前，掌尖向下。目视前方。（图 5–6）

7. 两腿屈膝半蹲，成马步；同时，两掌向前、向上伸臂推出，坐腕立掌，掌心向前，掌尖向上，腕与肩平。（图 5–7）

8. 起身，两腿伸膝直立；同时，两掌向上伸臂举过头顶，掌尖相对，掌心向上，肘部略屈，两臂成半弧形。目视前方。（图 5–8）

9. 两臂屈肘下沉，后臂平肩，前臂竖立，两掌变拳，拳面向上，拳心向外。（图 5–9）

10. 两拳变掌，向左右推开，坐腕竖掌，腕与肩平。（图 5–10）

以上各动，反复练习。

图 5–6

图 5–7

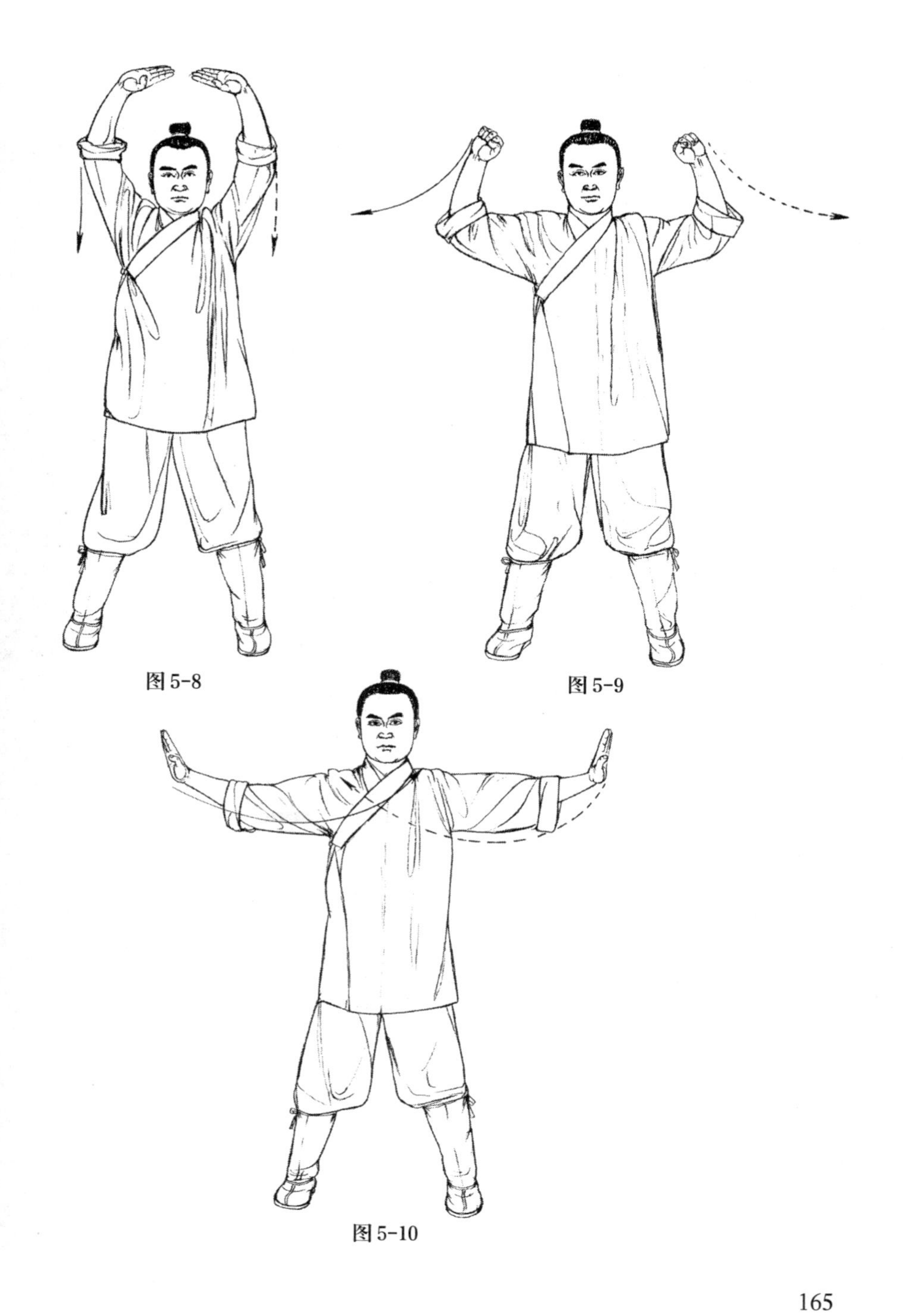

图 5-8

图 5-9

图 5-10

第二段　一拉一撑肺力增

【练法】

1. 承接上段，两掌内收，两臂交叉胸前，左里右外，掌心向里，掌尖斜向上。目视前方。（图 5-11）

2. 头左转；右掌握拳，屈肘后拉至右肩前，拳眼向上，肘臂平肩；同时，左掌变单指掌向左伸臂撑出。目视左食指。（图 5-12）

图 5-11　　图 5-12

3. 头转正；两手变掌，两臂交叉胸前，右里左外。目视前方。（图 5–13）
4. 然后练习右式。（图 5–14）
左右反复练习。

图 5-13　　图 5-14

第三段　一托一按利脾胃

【练法】

1. 承接上段，两腿屈膝下蹲；两手变掌前伸，掌心向上，掌尖向前，略低于肩。目视双掌。（图 5–15）

2. 下盘不变；两掌变成勾手，向外、向下、向后划弧，置于身后，勾尖向上，比肩稍低，挺胸收腹。目视前方。（图 5–16）

3. 两膝略伸，重心移于左腿；两勾手变掌，直臂伸向左右，左高右低，掌心向上。目视前方。（图 5–17）

4. 左脚稍扣；右掌向上托掌，直臂举于头顶上方，掌心向上，掌尖向左；左掌下划向里，伸臂下按于左胯外侧，掌心向下，掌尖向前。仰面，上视。（图 5–18）

5. 右掌下按于右胯外侧，掌心向下，掌尖向前；同时，左掌上托于头顶上方，掌心向上，掌尖向右。（图 5–19）

反复练习。

图 5–15　　图 5–16

图 5-17

图 5-18

图 5-19

第四段　转头后视脑神清

【练法】

1. 承接上段，左掌下落，随即与右掌一起向前下伸臂，掌心斜向上，掌尖斜向前下，约与小腹平。目视前方。（图 5-20）

2. 头部缓缓右转，极目向右后视。（图 5-21）

3. 头部缓缓左转，极目向左后视。（图 5-22）

左右反复练习。

图 5-20

图 5-21

图 5-22

第五段　前俯后仰活身段

【练法】

1. 承接上段，头转正，两腿屈蹲成马步；两掌合掌胸前，掌尖向上。目视前方。（图 5-23）

此势可保持不动，加习数分钟，再接下动。

2. 伸膝起立；同时，两掌握拳收抱腰际，肘向后引；低头俯胸，臀部向后凸出。（图 5-24）

3. 胸部前挺，头部后仰。（图 5-25）

如此前俯后仰，反复练习。

图 5-23

图 5-24

图 5-25

第六段　弯腰攀伸肾元兴

【练法】

1. 承接上段，两拳变掌叉腰，拇指在前，余四指扣住腰部。两手可用力扣掐腰窝数次，也可直接练习下动。（图 5–26）

2. 两掌贴身下摩，至两脚后跟时抓住；低头弯腰，两膝直立（不可弯曲）。目视前下。（图 5–27）

3. 稍停，随即两掌前移，至两脚前方，掌尖点地，掌背向前。（图 5–28）

图 5–26

图 5-27

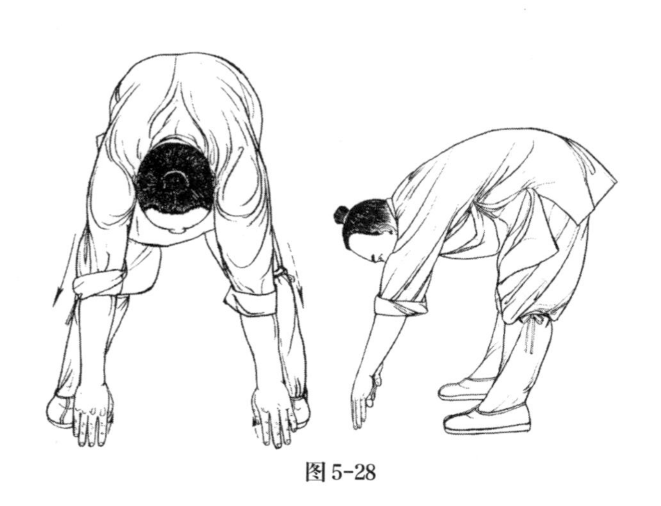

图 5-28

4. 臀部下沉，两腿屈膝蹲成马步；同时，两掌握拳，拳心向下。（图5–29）

5. 上身立起；两拳伸臂上提，拳面向前，高不过肩。（图 5–30）

6. 两拳收抱腰际，拳心向上；上身中正。目视前方。（图 5–31）

反复练习。

图 5-29

图 5-30

图 5-31

第七段　搠拳瞪目慢提劲

【练法】

1. 承接上段，右拳变掌，上收左肩前，掌心向后，掌尖向上。（图 5-32）

2. 右掌向右划弧伸臂，高与肩平，掌心向下，掌尖向外。目视右掌。（图 5-33）

图 5-32　　图 5-33

3. 右掌旋腕，握拳搦紧，拳心对鼻，肘部略屈；同时，瞪睛怒目，注视右拳。（图 5–34）

4. 右拳收抱腰际，头部转正。（图 5–35）

5. 接着练习左拳，与右手练法相同。图略。

图 5-34　　图 5-35

第八段　顿脚扩拳全身轻

【练法】

1. 承接上段，两拳向前平肩伸出，两臂伸开，拳心向下，拳面向前；同时，伸膝立身，两脚跟提悬，上体略向前倾。（图 5–36）

图 5-36

2. 两脚跟落地，上体略后倾；同时，两拳向左右展臂扩胸，高与肩平，拳眼向上，拳面向外。（图 5–37）

上述动作，反复练习。

图 5-37

第六章
昆仑大力八段锦

昆仑派是中华武术的古传秘宗，据说出自西域。至于此派武术始于何时、创于何人，已远不可考，本书对此也不多加探究。著者仅参考手抄藏本，挑选昆仑八段锦一套，编绘出来，与同道共享。

昆仑大力八段锦，练法古朴，动作有力。经常练习，既可舒筋顺气，柔体松身，除疲祛病，养生保健；又可振奋精神，强筋壮骨，大增气力。

【昆仑大力八段锦歌诀】

托天合手暗抵劲，左右开弓壮手臂。
托按起伏练桩功，扭视转肩通背脊。
摇头摆尾灵腰节，拽拉腿筋躬攀足。
怒目攒拳气力增，提劲震脚壮身体。

第一段　托天合手暗抵劲

【练法】

1. 两脚并步，正身直立；两掌垂于体侧。目视前方。（图 6–1）

2. 左脚向左横开一步，两脚间距与肩同宽；同时，两掌收于腰际，掌心向上，掌尖向前。目视前方。（图 6–2）

3. 两掌转腕，上提耳侧，掌心斜向上，掌尖斜向后。（图 6–3）

4. 伸臂，两掌用力向上托举，掌心向上，掌尖向后；同时，两脚跟提悬，前脚掌撑地站稳。仰面，上视。（图 6–4）

5. 两脚跟落地，正头颈，含颌；同时，两掌转腕，掌心相对，掌尖向上。目视正前方。（图 6–5）

图 6-1

图 6-2

图 6-3

图 6-4

图 6-5

6. 两掌合于头顶正上。（图 6–6）

7. 双掌用力下落胸前，坐腕，两前臂平直。目视前方。（图 6–7）

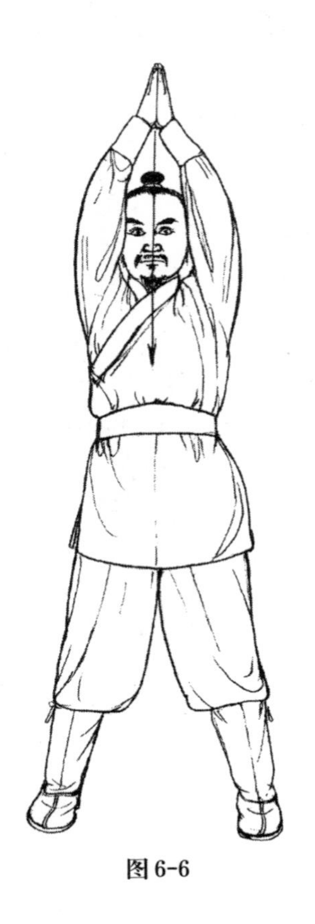

图 6-6

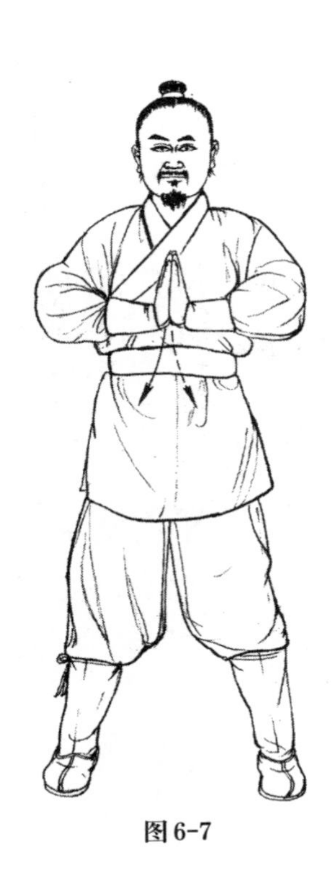

图 6-7

8. 两掌根分开，十指尖用力相抵，下移脐前，掌心向下，掌尖相对。（图 6–8）

9. 两掌收至腰际，两肘向后引力，掌心向上，掌尖向前。（图 6–9）

图 6-8

图 6-9

第二段　左右开弓壮手臂

【练法】

1. 承接上段，左脚向左移步，右腿蹬伸成左弓步；同时，左掌向左前斜下方伸出，掌背向上；右掌随之伸出，右前臂置于左腕上，掌心向上，两臂伸直。目视两掌。（图 6–10）

2. 右掌屈指变成鹰爪状，屈肘向右拉至右肩前；左掌变剑指，向左斜上方伸出，约与顶平；同时，重心右移，左腿蹬伸，成右横裆步。两手右拉左撑，犹如拉弓射箭一般。目视左手。（图 6–11）

3. 上体右转，向右开弓，与左式动作相同，唯姿势相反。（图 6–12、图 6–13）

图 6-10

图 6-12

图 6-11

图 6-13

第三段　托按起伏练桩功

【练法】

1. 承接上段，右脚内收半步，两脚间距离略宽于肩；同时，两手变掌，交叉于小腹前，右外左里，虎口向上，掌尖向前斜下方。目视两掌。（图6–14）

2. 两腿屈膝下蹲，成低马步；同时，右掌沿裆前下按，至臂直，掌心向下，掌尖向左；左掌举臂上托于头额前上方，掌心向上，掌尖向右。目视前方。（图6–15）

图6–14

图6–15

3. 左掌尽力向上伸臂托举，右掌下撑劲不松；同时，两腿缓缓伸膝直立。定式后要用力保持一会儿。（图 6–16）

4. 身体放松，左掌下落，与右掌交叉于小腹前，左外右里，虎口向上。目视前方。（图 6–17）

5. 接着，练习右托左按。（图 6–18 ～图 6–20）

图 6–16

图 6–17

图 6-18

图 6-19

图 6-20

第四段　扭视转肩通背脊

【练法】

1. 承接上段，两掌交叉向前向上直臂抬起，至与肩平。目视前方。（图6–21）

2. 两掌向左平划移动至左侧方，带动头、肩及胸部，双目极力向左后看，定式后保持一会儿。（图6–22）

图6-21　　图6-22

3. 掌、臂、头向右缓缓转动，转至极限时，双目极力注视右后侧方，定式后保持一会儿。（图 6-23）

4. 上体转正，两掌分开，向左右平肩展臂，掌心向上。目视前方。（图 6-24）

图 6-23

图 6-24

5. 左转体；同时，左掌向左后斜下方伸按，直至右臀后侧，掌尖向下，掌心向后；右掌向左，屈臂于头额前下方，肘部向斜上方挣力；头部左转，目视右脚后跟，动作定式后，保持一会儿。（图 6–25）

6. 接着向右转。（图 6–26）

图 6-25

图 6-26

第五段　摇头摆尾灵腰节

【练法】

1. 承接上段，上体转正，两手叉腰，拇指在后，四指在前。头部以逆时针方向转动 3 周；头部转动时，腰部也要跟着摇动。（图 6–27）

2. 头部再以顺时针方向转动 3 周。（图 6–28）

3. 两膝微屈，臀部以顺时针方向划圆 3 周，再以逆时针方向划圆 3 周。（图 6–29、图 6–30）

4. 两腿伸膝直立，两手叉腰不变，放松身体。目视前方。（图 6–31）

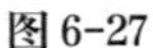

图 6-27

图 6-28

图 6-29
图 6-31
图 6-30

第六段　拽拉腿筋躬攀足

【练法】

1. 承接上段，两掌松开，沿两腿侧下伸，上身前俯。两掌至与脚背平时，从外向内合拢，如捞月势。（图 6–32）

2. 两掌抱住两脚踝；两膝挺直，上体尽力下探。（图 6–33）

3. 两掌沿脚掌前移，抓住脚趾部，上提离地，两膝挺直。定式后保持一会儿。（图 6–34）

4. 松开两掌，前脚掌落地，立起上身，开步直立；同时，两掌伸臂向前平肩抬举，掌心向上，掌尖向前。（图 6–35）

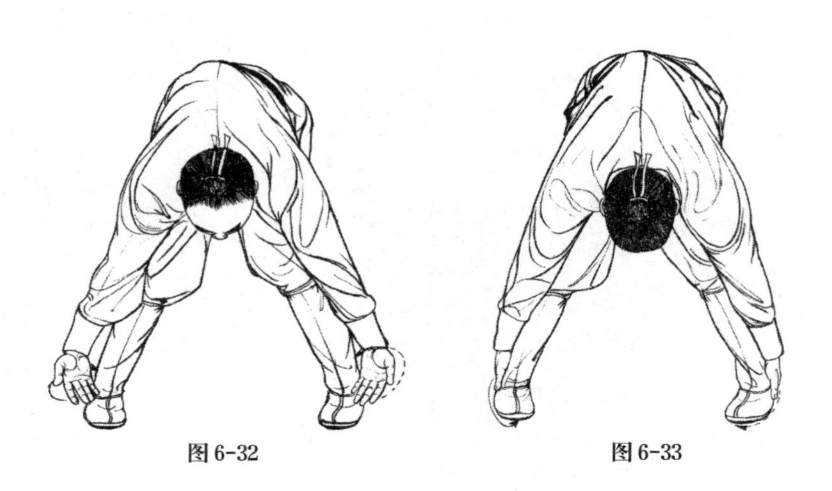

图 6-32　图 6-33

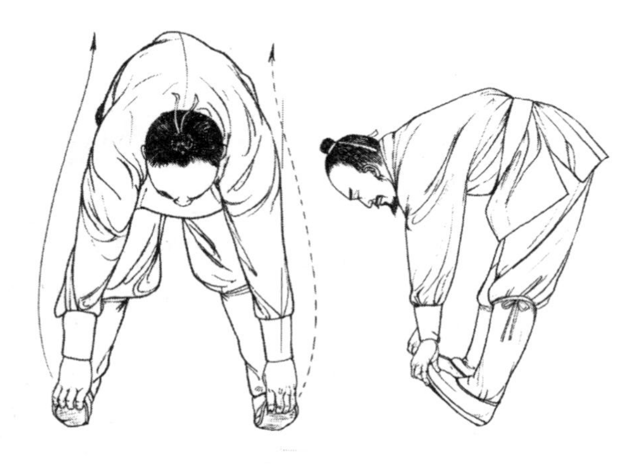

图 6-34

图 6-35

第七段　怒目攒拳气力增

【练法】

1. 承接上段，瞪睛怒目；两掌屈指，握拳攒紧，用力向肩前收拉，屈肘垂臂，拳心向里，拳面向上。（图 6–36）

2. 两拳用力向左右撑开，成一字平肩式，拳眼向上；同时，瞪睛怒目。两拳越攒越紧，不可放松，动作定式后，保持一会儿。（图 6–37）

图 6-36

图 6-37

3. 身体放松，两拳伸指成掌，掌心向外，虎口向下。目视前方。（图6–38）

4. 两掌外旋用力攒拳，使拳心向上，肘、腕略屈；同时，瞪睛怒目。（图6–39）

5. 两拳用力屈肘上收，从肩前沿胸侧下压至胯外，拳面向前，拳眼向里；同时，瞪睛怒目。两拳越攒越紧。（图6–40）

图6-38

图6-39

图6-40

6. 身体放松，松拳成掌，按于体侧，掌心向下，掌尖向前。目视前方。（图 6–41）

7. 两掌外旋扣指，攒握成拳，拳心向前。（图 6–42）

8. 两拳沿肋侧用力上收至腋前，肘向后引力，腋部夹紧；同时，瞪睛怒目。两拳越攒越紧，保持一会儿。（图 6–43）

图 6–41

图 6–42

图 6–43

第八段　提劲震脚壮身体

【练法】

1. 承接上段，身体放松，两拳变掌，沿胁部下摩，向后用掌心按住腰部，虎口向下，掌尖向里。目视前方。（图 6–44）

2. 两脚跟缓缓提悬。（图 6–45）

3. 然后，两脚跟用力落地。初练时不可过猛，以免引起身体不适。

如此一起一落，反复练习。

图 6-44　图 6-45

第七章

道家简易八段锦

南宋道教学者曾慥《临江仙》词中附注："钟离先生八段锦，吕公手书石壁上，因传于世。"据传，道家八段锦源于全真道"正阳祖师"钟离权。钟在终南山将一身绝学授与吕洞宾（钟吕内丹派大师）。

但是，道家八段锦的很多秘功，多由道师口传身授，鲜有完整图谱。今编者收集相关资料，整理一套功法，谨供读者参考。为便自学，试行精简，不当之处，敬请指正。

【道家简易八段锦歌诀】

叉掌托天理三焦，左右拉弓似射雕。
调理脾胃单托举，五劳七伤往后瞧。
冲拳怒目增气力，弯腰伸臂壮肾腰。
摇头摆尾祛心火，背拳颠踵百邪消。

第一段　叉掌托天理三焦

【练法】

1. 两脚并步，正身直立；两掌垂于体侧。目视前方。（图 7-1）

2. 两掌收于小腹前，十指交叉，掌心向上。（图 7-2）

3. 两臂徐徐上举，至额前时翻掌向上。（图 7-3）

4. 肘臂伸直，挺胸，仰头，上视；同时，脚跟上提，两腿挺直。（图 7-4）

5. 两掌松开，左右分展，下落体侧，虎口向前；同时，脚跟落地。目视前方。（图 7-5）

图 7-1

图 7-2

图 7-3

图 7-4

图 7-5

第二段　左右拉弓似射雕

【练法】

1. 承接上段，左脚向左横开一大步，两腿屈膝半蹲成马步；同时，两臂平屈于两肩前，左手食指伸直，余四指下屈，虎口在后；右手指里屈扣成爪形，虎口向上。（图 7–6）

2. 左手向左平伸，手心向前；同时，右手向右侧拉，右肘弯曲，高与肩平；扩胸，目视左手食指，如拉弓式。（图 7–7）

图 7-6　　图 7-7

3. 右转身，练习右式。（图 7–8、图 7–9）

图 7–8　　图 7–9

第三段　调理脾胃单托举

【练法】

1. 承接上段，左脚收步，两脚并步，正身直立；同时，右手翻掌上举，肘部略屈，五指并拢，掌心向上，掌尖向左；左掌下按，掌心向下，掌尖向前。目视前方。（图 7–10）

2. 右臂伸直用力上举，身稍右转；同时，左掌下撑配合。头向后仰，目视右掌。（图 7–11）

3. 收掌复原，换练左式。（图 7–12 ～图 7–15）

图 7–10　图 7–11　图 7–12

图 7-13

图 7-14

图 7-15

第四段　五劳七伤往后瞧

【练法】

1. 承接上段，两掌后伸，掌背贴于臀部，掌尖向下。目视前方。（图7–16）

2. 两脚不动；头缓缓向左旋转，两眼看向左后。稍停片刻。（图7–17）。

3. 头旋转原位，继向右旋转，双目看向右后。保持片刻。（图7–18）

4. 头回正位，两掌垂放。目视前方。（图7–19）

图7–16

图 7-17
图 7-18
图 7-19

第五段　冲拳怒目增气力

【练法】

1. 承接上段，左脚向左横开一大步，两腿屈膝半蹲成马步；同时，两手握拳收抱于腰间，拳心向上。目视前方。（图 7–20）

2. 右拳向前冲出，拳与肩平，拳心向下。瞪睛怒目。（图 7–21）

3. 右拳收回腰间；左拳向前冲出。瞪睛怒目。（图 7–22）

4. 左拳收回；右拳向右冲出。瞪睛怒目。（图 7–23）

5. 右拳收回；左拳向左冲出。瞪睛怒目。（图 7–24）

6. 左脚内收，并步直立；两拳抱腰，拳心向上。（图 7–25）

图 7-20

图 7-21

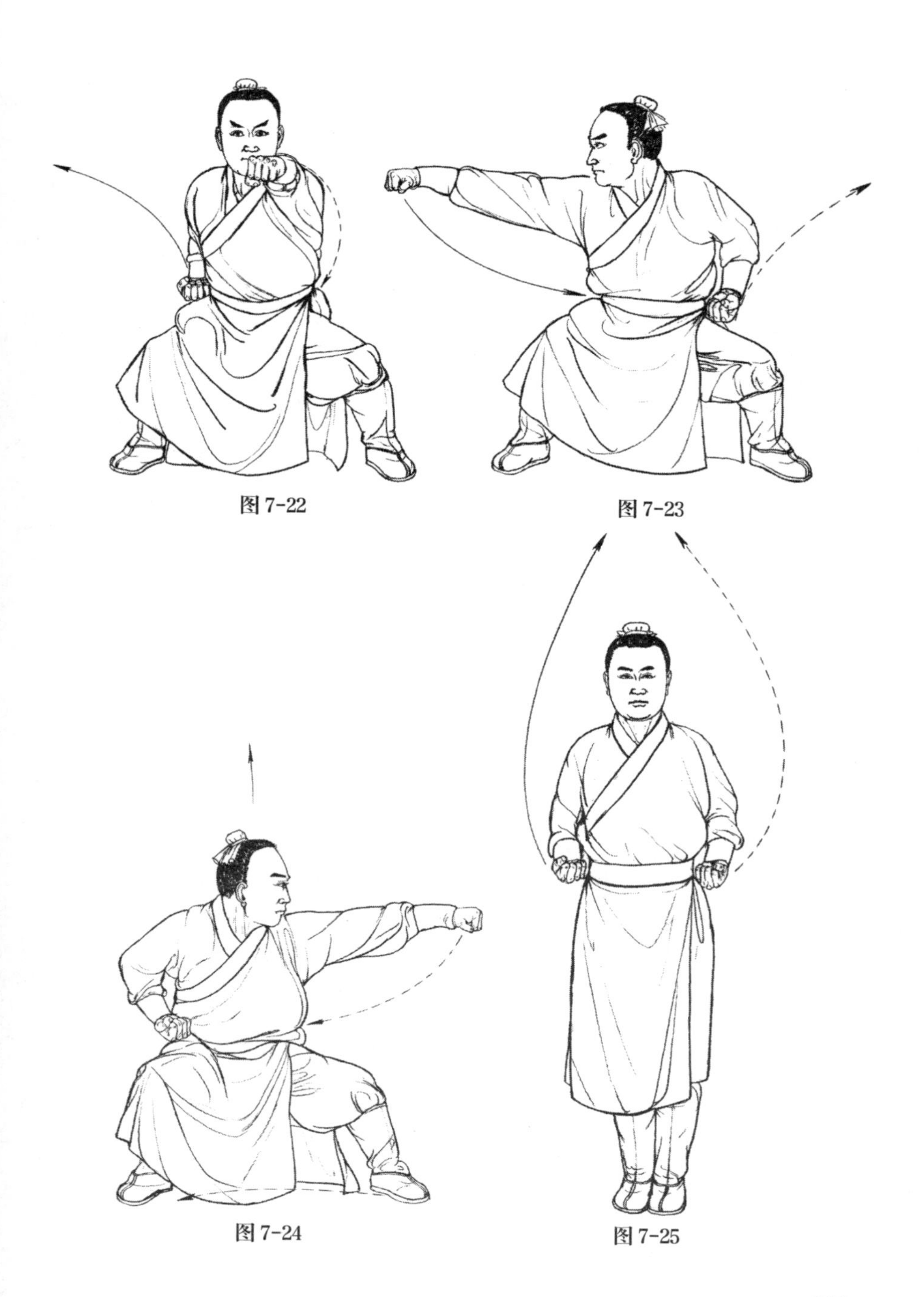

图 7-22

图 7-23

图 7-24

图 7-25

第六段　弯腰伸臂壮肾腰

【练法】

1. 承接上段，两拳变掌，自两侧向上举抱，掌心相对，掌尖斜向上，两臂稍屈。仰面，目视两掌。（图 7–26）

2. 上体向前下俯，同时，两掌伸臂下落，掌尖近地，掌背向前；两腿挺直，头部略向前抬。（图 7–27）

3. 立起上身，两掌上收，垂于体侧。（图 7–28）

图 7-26

图 7-27

图 7-28

第七段　摇头摆尾祛心火

【练法】

1. 承接上段，左脚向左横开一大步，两腿屈膝半蹲成马步；两掌扶按于两膝盖上。目视前方。（图 7–29）

2. 上体前俯，头向前探。（图 7–30）

3. 头部向左、向后弧形环转；臀部右摆配合。（图 7–31）

4. 头部向前、向右、向后弧形环转；臀部左摆。（图 7–32）

5. 起身直立，两掌垂于胯侧。（图 7–33）

图 7–29　　图 7–30

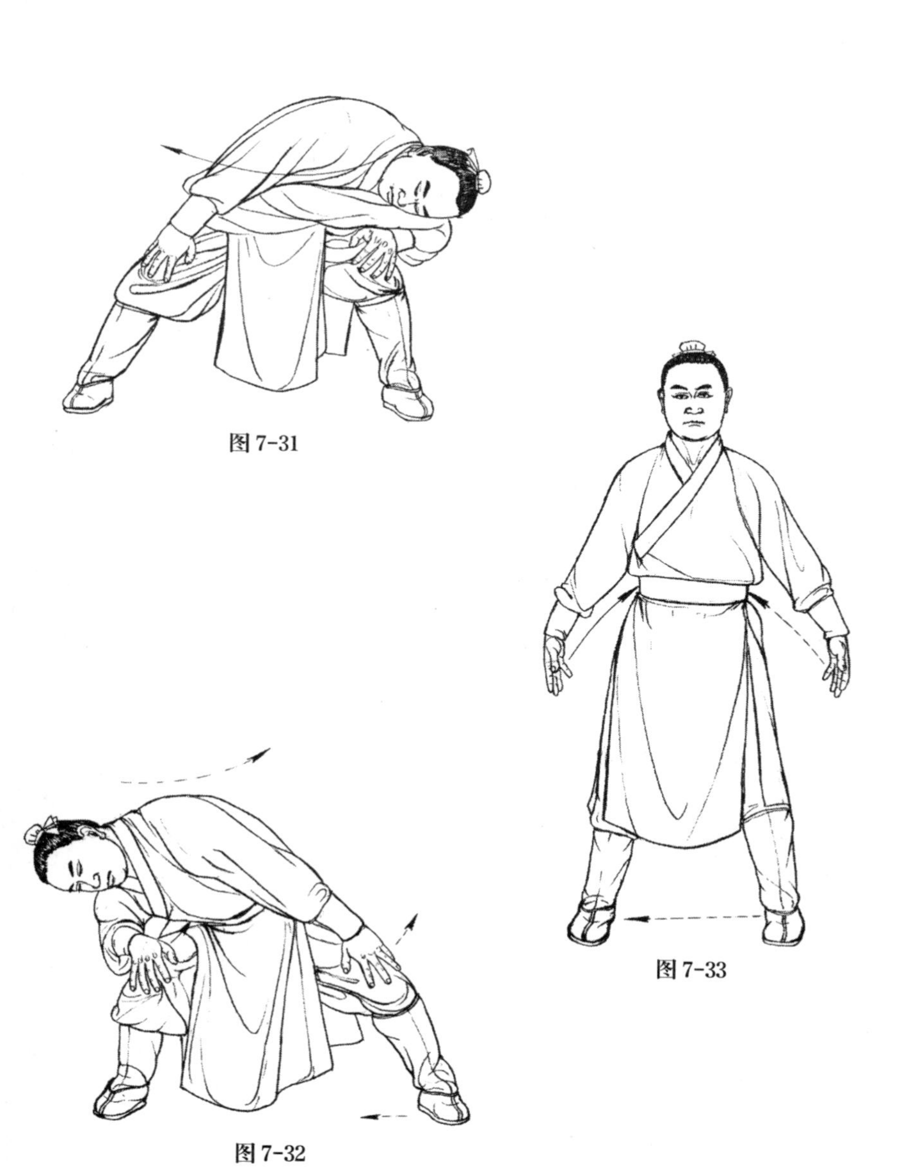

图 7-31

图 7-32

图 7-33

第八段　背拳颠踵百邪消

【练法】

1. 承接上段，左脚收拢并步，两膝伸直；两掌变拳后收，拳背贴于腰部，拳面相对，拳眼向上；挺胸。目视前方。（图 7–34）

2. 脚跟尽量上提，头向上顶。（图 7–35）

3. 脚跟落地，两肩下沉，全身放松。

一提一落，反复练习，动作要灵便自然，不可使用猛力。

图 7–34　　图 7–35